속박으로부터의 자유를 갈망하며 발버둥치는 사람들이 배우는 것은, 진정한 자유가 복잡한 문제를 해결해내는 데서 오는 것이 아니라 하나님이 주시는 간단한 해답을 듣는 데서 온다는 것이다. 피터 호로빈은 그러한 작업을 멋지게 해내었다.

「지구상에서 가장 강력한 기도」에서 피터 호로빈은 명확하고도 간결한 언어로, 인간에게는 불가능하지만 하나님이 함께 하시면 가능한 곳으로 들어가도록 인도한다. 죄에 갇힌 자들이 해방의 기쁨을 맛보는 최고의 방법은, 하나님이 영감을 주시고 능력을 부여하신 용서를 체험하는 것이다.

— 다윗 카일 포스터 박사 —
플로리다 잭슨빌에 위치한 〈삶을 정복하는 사역〉의 총무

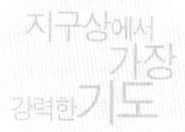

이렇게 시대에 적합하고 또한 실제로 도움을 주는 이와 같은 책은 드물 것이다. 용서는 과거에 사로잡힌 사람들을 해방시켜준다. 그리고 현재를 회복시켜주고, 앞으로 전진할 수 있도록 미래도 열어준다. 우리는 용서할 때에 인간다운 인간이 된다 – 우리가 용서할 때에 예수님의 제자다운 제자가 된다. 하나님이 우리를 예수님의 제자로 부르신 이유가 바로 여기에 있다. 하나님은 우리를 용서해주심으로 부르셨고, 그리고 다른 사람을 용서하라고 지금도 부르고 계시다. 용서하기만 하면, 말라버린 가슴에서 새로운 삶의 꽃이 피어나고, 굳은 감정에서 새로운 삶의 에너지가 용솟음치며, 얼어붙은 기분들이 새로운 이해의 따뜻함으로 변화된다. 용서를 알게 해 주신 하나님을 찬양할지어다!

피터 호로빈은 용서라는 주제를 성경적으로, 개인적으로, 그리고 실제적으로 연구한 사람이다. 나는 모든 기독교인들이 바로 이 책 『지구상에서 가장 강력한 기도』를 읽고 무한한 은혜의 바다로 들어가는 체험을 해야 한다고 생각한다.

– 짐 그래함 목사 –
영국의 골드 힐 침례교회 담임목사이자 〈영원한 사역들〉의 대표

가히 혁명적이라 할 만한 이 책은 질병과 속박이라는 문제를 뿌리째 뽑아버릴 만한 능력을 제공해 준다. 임시변통의 치유방법이나 이론에 머무는 것을 넘어서서, 이 책은 근본적인 치유의 길을 제시한다. 피터 호로빈은 '무조건적인 용서'에 기반을 둔 실질적인 용서의 단계들을 차근차근 제시한다. 상처를 안고 사는 사람들을 도와준 오랜 경험과, 성경에 관한 철저한 지식을 바탕으로, 피터 호로빈은 우리들의 손에 치유와 자유함으로 들어가는 마스터키를 쥐어준다. 「지구상에서 가장 강력한 기도」는 우리의 모든 변명을 묵살시키고, 우리를 도전하면서, 삶을 뒤바꿔버리는 가장 강력한 기도를 드리도록 우리를 내몰아 세울 것이다.

- 웨인 힐스덴 -
이스라엘 예루살렘의 〈왕 중 왕〉교회의 담임목사

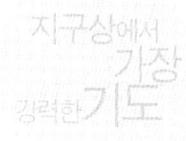

이 책은 오늘날 인류가 당면하고 있는 가장 중요한 문제를 다루는 서적이므로, 우리 시대에 가장 필요하고도 적합한 책이라고 생각한다! 예수님께서 약속하신 풍성한 삶에 이르는 열쇠가 바로 여기에 있다. 죄, 정의, 용서, 자유, 치유, 축복 그 모든 것을 다루는 서적이 바로 이 책이다. 이러한 문제들에 관하여 실제로 풍부한 경험을 가지고 있는 피터 호로빈은, 아주 명확한 언어를 사용하여 정곡을 찌르고 있다. 예수님께서 하신 것과 동일한 기도를 드린다는 것은 하나님의 놀라운 능력이 우리 안에 흘러 들어오게 하는 것으로, 우리의 운명을 바꾸는 역사를 일으킨다! 이 책은 간단하지만 매우 깊이가 있는 책이다. 예수님께서 어떠한 생애를 사셨으며, 무엇을 가르치셨는지 알고 싶다면, 반드시 「지구상에서 가장 강력한 기도」를 읽어보아야 할 것이다.

– 앨리스테어 뻬뜨리 박사 –
「변화를 받아라! 천국이 지상에서 이루어지는 비결」의 저자

나는 지난 몇 년 동안 개인적으로, 많은 상담경험을 가지고 효과적인 가르침으로 하나님의 백성들을 위해 봉사하는 피터 호로빈과의 교제를 가지는 특권을 누렸다.

『지구상에서 가장 강력한 기도』에서, 피터 호로빈은 명백하고도 실질적인 방법으로 용서가 자유, 회복, 그리고 삶의 변화를 받는 축복을 가져온다는 것을 증명해내고 있다. 이 책을 통해 용서의 진리를 발견하고 적용하는 모든 독자들은, 자신들의 삶에서 발생할 놀라운 자유와 치유를 경험하게 될 것이다.

- 헤르만 리플 -
독일의 알텐슈타이그에 위치한
〈Jugend-, Missions- und Sozialwerkes〉의 설립자겸 인도자

이 책은 작은 책이지만, 그 내용이 너무나도 강력하기에, 읽는 독자들의 삶을 송두리째 변화시킬 것이다. 용서는 하나님이 요구하시는 것이고 시대를 초월하여 모든 사람에게 필요한 것이다. 나의 친구가, 어떤 신경정신과 의사가 사용하는 아주 두꺼운 지침서 하나를 보여주면서, 그 책의 한 가운데에 이렇게 적힌 구절을 보여준 적이 있다. "사람들이 서로를 진정으로 용서하기만 한다면, 의사들은 밥줄이 끊어질 것이다."

진실로 맞는 말이다!

이 책이 말하는 메시지가 바로 그것이다.

「지구상에서 가장 강력한 기도」를 읽고, 실천하고, 축복 받기를 기원한다.

— 존 로렌 샌포드 —
〈엘리야의 집〉 창설자

「지구상에서 가장 강력한 기도」는 오늘날 성령의 기름 부으심을 방해하는 가장 중요한 문제를 다루고 있다. 하나님의 교회에서 발생하는 첫 번째 문제는 - 용서하는 데 실패하고 있다는 점이다. 피터 호로빈은, 아주 간단한 설명을 통해서, 우리들의 생각과 행동을 변화시킬 열쇠를 제공해 준다. 나는 마음을 다해서 이 놀라운 책을 강력하게 추천한다.

— 에디와 앨리스 스미스 —
「영적인 집안청소」와 「하나님의 마음에 더 가까이 다가가기」의 저자
U.S. Prayer Center (미국 기도 센터)의 창설자

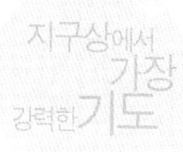

피터 호로빈은 지극히 지적인 인물이다. 그러나 동시에 그는 영적인 깊이와 경건한 통찰력을 겸비한 인물이기도 하다. 「지구상에서 가장 강력한 기도」는 용서의 능력에 관한 번득이는 간증이요, 우리의 영적인 여정을 승리로 이끌어 줄 중요한 사용설명서이다. 나는 하나님께서 우리에게 피터 호로빈 같은 사람을 보내주셔서, 하나님의 위대한 목적, 부르심, 그리고 신자들의 운명에 관하여 보다 정확하게 이해할 수 있게 해주시니 얼마나 감사한 지 모르겠다. 또한 피터 호로빈에게도 감사하다고 말하고 싶다. 나의 동역자, 영감을 불어 넣어주는 사람, 그리고 친구인 피터와 함께 하나님 나라를 섬기는 것은 얼마나 즐겁고 보람된 일인 지 모른다.

– 조셉 톰슨 –
Out of Africa (아프리카로부터)의 창설자
〈예수아 사역〉 총재

나는 지난 45년 동안, 용서하지 않음으로 인하여 당하는 피해와 상처들을 목격해 왔다. 나의 절친한 친구인 피터 호로빈이, 중요하지만 간과된 성경의 주제에 관하여 이렇게 간결하고, 강력하며, 칼날 같은 책을 쓴 것에 대해서 심심한 감사를 드린다.

— 조지 버워 —
OM (Operation Mobilization 세계 선교 운동)의 창시자

어두움의 세력을 끊어버리는 데는 용서가 기초적인 무기이다. 그리고 그러한 목적을 위해서라면, 「지구상에서 가장 강력한 기도」는 우리가 지금까지 접해 본 책들 중에서는 가장 좋은 책이다. 이 책에 제시된 7단계를 따르기만 하면, 당신의 인생은 완전히 바뀔 수 있다.

— 피터와 도리스 왜그너 —
〈국제 축사사역〉 총무

Jesus Said, "Fahter, forgive them, for they do not know what they are doing"

지구상에서 가장 강력한 기도

’ 당신의 일생을
완전히 뒤바꾸어 놓을 기도

The most Powerful Prayer on Earth

by Peter Horrobin

copyright © 2004 Peter Horrobin

Published by Regal Books
From Gospel Light Ventura, California, U.S.A

Korean Translation copyright © 2005 by Pure Nard
2F 774-31, Yeoksam 2dong, Gangnam-gu, Seoul, Korea

This Korean edition is Published by arrangement with
Regal Books from Gospel Light
All rights reserved

본 저작물의 한국어판 저작권은 Regal Books 와의
독점 계약으로 한국어 판권을 '순전한 나드' 가 소유합니다.
저작권자의 허락없이 이 책의 일부 또는 전체를 무단 복제,
전재, 발췌하면 저작권법에 의해 처벌을 받습니다.

지구상에서 가장 강력한 기도

당신의 **일생**을
완전히 뒤바꾸어 놓을 기도

순전한 나드
PURE NARD

목 차

17 | 추천의 글

23 | 들어가는 말

25 | 제1장 – 마스터키
하나님의 해결책

33 | 제2장 – 지구상에서 가장 강력한 기도
영적인 다이너마이트

41 | 제3장 – 용서하고 용서받기
하나님의 축복의 법칙

55 | 제4장 – 용서할 만한 가치도 없는 인간들인데요!
가장 큰 장애물

69 | 제5장 – 부모로부터 시작하기
부모가 한 모든 일을 용서하는 것의 중요성

당신의 일생을 완전히 뒤바꾸어 놓을 기도

---

81 | 제6장 - 도둑과 강도들 다루기
우리의 인생의 일부를 도적질해 간
사람들로부터의 자유함을 누리기

99 | 제7장 - 나도 인가요?
자기 자신을 용서함

109 | 제8장 - 얼마나 자주 해야 하나요, 주님?
베드로가 배운 가장 소중한 교훈

119 | 제9장 - 하나님은 어떠신가요?
하나님을 비난한 것에 대해 잘못했다고 사과할 필요성

129 | 제10장 - 자유에 이르는 7단계
하나님이 주신 기적의 열쇠를 사용하는 법

151 | 제11장 - 모든 것은 당신에게 달려있다!
마지막 고려

지구상에서 가장 강력한 기도

추천의 글

하나님께서는 늘 선한 것을 주시는 관계로, 우리들은 기쁨 가운데 축복해 달라는 기도를 종종 드리곤 한다. 그러나 다른 종류의 기도도 있다. 그 기도는, 우리가 하나님이 주시는 것 중에서 가장 큰 선물인 '자유'를 선물로 받고자 할 때 반드시 드려야만 하는 기도이다. 피터 호로빈은 우리들을 바로 누가복음 23:34에 기록된 기도를 드리도록 이끌어 준다. 이 기도는 우리 주님이 이 세상에서 가장 극심한 피해자로서 억울하게 십자가에 매달려 있을 때 드린 기도이다. 그러나 이 기도는 참으로 드리기가 어려운 기도이다. 인간의 자연적인 성정에 어긋나며, 보통 사람들의 생각이나 판단에 위배되는 것이기 때문이다. 그렇지만 이 기도는 치유를 불러오는 기도이다. 이 기도는 "하나님께서 판단하시기 원합니다. 그렇기에 나는 당신을 자유롭게 놓아드립니다."라는 기도이기 때문이다.

예수님은 용서에 대해서 말씀하실 때에 둘러서 완곡하게 표현하지 않으셨다. 예수님은 용서에 대해서 자주 말씀하셨고, 직접적으로 말씀하셨다. 특별히 주기도문을 가르치시면서 정확하고도 분명하게 말씀하셨다. 즉, 우리에게 피해를 준 그 사람을 용서해 주는 만큼만 하나님은 우리들의 죄를 용서해 주신다는 것이다 (마태복음 6:12). 그리고 다른 사람에게 용서를 베풀지 않는 사람들의 죄는 하나님도 용서하지 않는다고 까지 말씀하셨다 (15절)!

물론 듣기만 해도 소름이 끼치는 말들이다! 내 마음이 용서하고 싶지 않으면 나는 어떻게 하나? 내 마음속의 상처를 극복하지 못해서 용서할 수 없으면 어떻게 하나? 다른 사람에게 무시당하고, 학대당하고, 배신당한 것을 극복해내지 못하면 어떻게 하나? 내가 당한 일들에 대한 억울한 생각으로 꽉 차서, 밤낮으로 분노에 떨고 있는 나 자신을 어떻게 하라는 말인가? 나 같은 사람은 어떻게 용서를 받을 수 있을까? 또한 나를 괴롭힌 상대방은 도저히 용서받을 만한 가치도 없는 인간 같이 느껴지는 때는 어떻게 하나? 아니, "그 인간은 저주와 욕설을 받아 마땅한 인간인데, 도리어 용서를 받는다니? 말도 안 된다!"는 나의 판단은 어떻게 할 것인가? 나는 용서해 줄지 몰라도 하나님은 그 인간을 벌 주셔야하지 않겠는가?

그러나, 피터 호로빈이 지적한 대로, 나의 이 모든 판단과 생각에 관계없이, 하나님은 이 우주에 "용서의 법칙"이라는 것을 창조해 놓으셨다. 우리가 용서하지 않으면, 우리도 용서받지 못한다. 인생에 있어서 상처받는 일은 발생하게 되어 있다. 그러나 용서하라는 하나님의 명령을 어기는 사람들은, 용서받는 자유함으로 가는 길로 들어설 수 없다.

영적인 자유에 이르도록 도와주는 목회를 하는 사역자들은 용서가 얼마나 중요한 것인지 늘 체험하다. 영적인, 정서적인, 그리고 육체적인 질병으로 시달리는 사람들이 목회자들을 통해 치유함을 구할 때에, 미워할 만한 충분한 이유가 있는 사람을 용서한 후에야 치유함을 받는 것을 자주 목격한다. 영적인, 정서적인, 그리고 육체적인 치유에 가장 큰 장애물은 용서하지 못함이다.

　사람들의 마음은 분노와 증오로 가득 차 있으며, 그들의 이야기를 들어보면, 그렇게 될 만한 충분한 이유가 있는 것을 발견한다. 엄청난 상처를 준 사람을 미워하는 것은 당연한 것이다. 그래서 사람들은 자신이 얼마든지 화를 내고 상대방을 미워할 당당한 권리가 있다고 생각하는 것 같다. 그렇지만, 상대방을 미워하고 분노에 불타는 동안에, 자신 스스로가 씁쓸함의 노예와 피해자가 되어버린다. 그래서 성경은 말씀하시기를, "미워할 권리를 하나님께 돌려 드리고, 너는 자유롭게 가라." (신명기 32:35, 히브리서 10:30)고 말씀하시는 것이다. 우리들의 분노와 미움을 하나님께 반환하고, 하나님으로 하여금 우리들의 빚을 갚게 하는 것은 기독교인이 되는 이득 중에 하나이다. 왜냐하면 그렇게 할 때에 치유가 오기 때문이다.

　우리들은 종종 과거에 상처받은 기억 자체를 바꾸려고 한다. 그러나 그것은 불가능 한 일이다. 일단 발생한 일은 바뀌

지 않는다. 사건은 변하지 않는 것이다. 그러나 태도는 변할 수 있다. 그러므로 치유는 그 상처를 바라보는 태도가 바뀔 때에 발생한다. 즉, 분노와 미움의 태도가 용서의 태도로 바뀔 때를 말한다.

자주 예수님은 용서하는 방법을 보여주셨다. 예수님은 용서하라고 명령하셨을 뿐 아니라, 죽는 순간에, "아버지, 저 사람들을 용서하여 주십시오."라고 말씀하심으로, 그의 명령을 실천으로 입증해 주셨다. 그것이 바로 〈지구상에서 가장 강력한 기도〉인 것이다!

인간으로서, 예수님은 그분의 신성을 젖혀놓으시고, 오직 하나님 아버지에게만 의존해서 순종의 삶을 사셨다. 그러한 하나님에 대한 의존과 순종은 반역, 배반, 학대, 살인을 일삼는 자들을 용서하는 것에까지 이르렀다. 예수님은 용서하는 영적인 진리를 아셨고, 그 법칙에 불순종하기를 거부하셨다. 왜냐하면 오직 용서만이 자유케 하는 능력임을 아셨기 때문이다.

나는 〈지구상에서 가장 강력한 기도〉에 관하여 책을 쓴 피터 호로빈에게 감사를 드린다. 왜냐하면 바로 그 기도를 드리는 사람들은 모두 해방될 것이기 때문이다.

찰스 H. 크래프트
캘리포니아 풀러 (Fuller) 신학교 교수

들어가는 말

〈지구상에서 가장 강력한 기도〉는 또한 가장 간단한 기도이기도 하다. 이 기도 드리기를 배우고 또한 진심으로 그렇게 기도하는 것을 실천하는 일은, 바로 일생 하나님과 동행하는 길로 들어서는 첫 걸음이다. 이 기도는 당신의 과거를 정리해 주고, 앞으로 펼쳐질 멋진 미래로 당신을 인도해 줄 것이다. 이 기도는 하나님이 주시는 기적의 열쇠이다. 그러므로 이 열쇠로 문을 열면 멋진 미래가 나타난다!

바로 이 기도를 드림으로 그들의 인생이 완전히 변화된 많은 아니, 그 숫자를 헤아릴 수조차 없는 많은 사람들을 나는 알고 있다.

이 기도를 진심으로 드리는 법을 배우면, 당신의 삶은 이전과 같지는 않게 될 것이다! 왜냐하면 당신이 변화되고, 당신의 상황도 변화될 것이기 때문이다.

나는 이 책의 독자들이 나와 함께 영적으로 신나는 여행을 하면서 인생을 즐기기를 바라며, 믿음의 여행을 통해 하나님이 주시는 것을 충만하게 받아 누리기를 기도드린다.

1장
A Master Key
마스터키

어떤 기도를 드릴 수 없게 만드는
너무나도 혹독하고 참혹한 삶의 상황은
이 세상에 존재하지 않는다

하나님의 해결책

큰 저택에는 방들도 많고 문들도 많다. 그리고 각방에는 열쇠 구멍이 있다. 그런데 하나의 열쇠로 모든 문을 열 수 있도록 만들어진 마스터키라는 것이 있다. 그래서 마스터키만 있으면 어디든지 들어갈 수 있다.

우리가 사는 인생은 마치 방이 많은 집과도 같다. 각 방에는 인생을 살면서 발생한 일들에 대한 기억이 저장되어있다. 기쁘고 즐거운 기억들이 저장되어 있는 방문은 언제나 활짝 열려있다. 그래서 우리는 이따금 들어가 보고 그 광경을 즐긴다.

그러나 어떤 방문은 닫혀있다. 그렇지만 언제든지 열고 싶으면 열 수도 있다. 그 방안에 있는 기억들을 다시 본다는 것이 그렇게까지 큰 아픔을 주지 않기 때문이다.

그렇지만 어떤 방문들은 닫혀있을 뿐만 아니라 잠겨있다. 그 방문 안에 있는 것은 보기도 싫은 것들이며, 생각만 해도 고통을 주는 것들이다. 그래서 그 방문을 여는 열쇠조차 버린 경우도 있다. 그 방안에는 충격, 거부당함, 배신당함, 학대당함, 무시당함, 이혼, 사고, 상해, 질병 등에 관한 기억이 담겨져 있다.

그래도 사람들은 아무 일도 없었다는 듯이, 그저 그렇게 살아간다. 과거에 받은 수많은 상처들을 어두운 방구석에 처박아 놓은 상태로 말이다. 물론 그러한 상처들은 치유되지 않고 그냥 처박힌 채로 남아있다. 어떤 경우는 본인 스스로의 실수에 의해서 문제가 발생하기도 한다. 그러나 본인이 어떻게 책임을 져야할지 몰라서 그냥 내버려두는 경우도 있다. 그리고는 그냥 멀쩡하게 살아보려고 안간힘을 쓰지만, 세월이 흐르면 흐를수록, 마음속에 아픔이 도사린다는 사실을 견디기가 점점 더 어려워진다. 즉, 애써 억지로 감추려는 것에 한계를 느끼게 된다는 것이다.

어떤 사람의 집을 보면, 잠긴 방은 많고 열린 방은 거의 없는 경우도 있다. 즉, 제대로 삶을 영위할 공간이 남아있지 않은 것이다! 그런 사람들은 방문들을 이리 저리 잠그고, 그 방문들은 영원히 열리지 않으리라고 착각을 하면서 살아간다. 그렇지만 얼마 가지 않아서, 자신이 온전한 인간답게 제대로 기능을 못한다는 사실을 발견하게 된다. 너무나도 숨겨진 고통, 상처, 비밀, 거짓, 분노, 불평, 불만, 시기가 많이 쌓였기 때문이다. 그러면 하나님께서 원래 만들어 놓으신 행복하고 평안한 사람이 아닌 다른 종류의 인간으로 변해버린다.

어떤 경우는 잠긴 방문 안에 숨겨진 물건이 썩어서, 그 국물이 줄줄 새어나오는 경우도 있다. 그러면 사람들은 마치 아무 일도 없었다는 듯이, 자꾸만 닦아버리고 다른 냄새를 풍겨서 모르게 하려고 한다. 그렇지만 얼마 안 가서 상처받은 사람의 삶에서 풍겨 나오는 그 썩는 냄새를 주변의 사람들이 맡게 되고, 뒤죽박죽인 방들도 발견된다.

종종 사람들은 방문을 열고 들어가지 않고, 밖에서 모든 문제를 해결해 보려고 한다. 그러나 감당할 수 없을 정도로

썩은 것들이 쏟아져 나오는 경우가 대부분이다. 물론 사람들은 스스로도 알고 있다 – 문을 열고 방안으로 들어가서 그 안을 청소해 내야한다는 것을. 그렇지만 열쇠를 버렸기에, 문도 열지 못하고 발을 동동 구르는 신세가 되어버린 경우가 비일비재하다. 그들은 도움이 필요한 사람들이다. 그들에게는 마스터키가 쥐어져야한다.

**위대한 기도를 드릴 수 없게 만드는
너무나도 혹독하고 참혹한 삶의 상황은
이 세상에 존재하지 않는다.**

놀랍고도 고맙게도, 예수님은 우리에게 마스터키를 남겨주셨다 – 이 열쇠는 너무나도 정교하게 만들어져서, 오래되고 녹슬어 잘 열리지 않는 문들도 열 수 있게 만들어져있다. 그렇지만 예수님 혼자서는 열지 않으신다. 우리와의 협력을 원하신다.

방문 뒤에 어떤 쓰레기더미가 있든지 예수님은 상관하지 않으신다. 예수님은 우리와 함께 그 방안으로 들어가서서 함께 청소하는 것을 즐기신다. 예수님이 당신과 나를 위해 그 마스터키를 특별히 제조하셨기에, 사용하는 방법도 보여주실 것이다.

황금으로 만들어진 이 마스터키는 바로 다름 아닌 〈지구상에서 가장 강력한 기도〉이다. 이 기도는 모든 사람을 변화시킨다! 이 책이 바로 그 마스터키를 사용하는 법을 가르쳐 주는 사용설명서이다.

상황이 너무나도 나쁘고, 악하고, 극심하기 때문에, 이 기도가 먹혀 들어가지 않는 경우는 없다. 한나(Hannah)라는 여인은 마약중독에 걸려서 자살의 길로 치닫고 있었다. 그녀의 과거를 들추어보자면, 가정 안에서의 잔인하고도 고통스러운 성적인 학대로 얼룩져 있었다. 그러나 〈지구상에서 가장 강력한 기도〉라는 마스터키를 집어넣고 문을 열었을 때, 하나님께서 그녀의 삶에 기적을 보여주셨다.

마이클이라는 남자는 그녀의 아내가 마이클의 가장 친한 친구와 눈이 맞아서 집을 나가버렸을 때, 거의 폐인이 되어버렸다. 그러나 마이클이 〈지구상에서 가장 강력한 기도〉를 드렸을 때, 그의 망가진 마음이 치료되었다. 그는 인생을 재

기할 용기를 얻게 되었다.

린다라는 아가씨는 희망을 잃어버렸다. 26살이라는 꽃다운 나이에 엄청난 사고를 당해서 평생 불구자로 살게 될 운명에 처해 있었기 때문이다. 그러나 그녀가 바로 이 〈지구상에서 가장 강력한 기도〉를 드렸을 때, 그녀의 삶에도 기적은 찾아왔다. 이제 그녀는 결혼을 했고, 정상적인 삶을 살고 있다.

아마 당신의 상황을 한나, 마이클, 린다와 비교한다면, 그렇게까지 극심한 상황은 아닐지도 모른다. 그러나 어떠한 상황이든지 상관없다. 일단 〈지구상에서 가장 강력한 기도〉를 드리는 법을 배우고, 진실한 마음으로 이 기도를 드린다면, 많은 것들이 변화될 것이다. 상황(환경)의 산물인 사람도 변화되고, 상황(환경) 그 자체도 변화될 것이다!

계속 읽어보아라! 그리고 인생을 뒤바꾸어 놓는 이 기적의 열쇠를 사용하라!

The Most Powerful Prayer on Earth

지구상에서
가장 강력한 기도

영적인 다이너마이트

예수님은 우리들에게 기도하는 법을 가르쳐 주셨을 뿐만 아니라, 영적인 다이너마이트를 사용하는 법까지 가르쳐 주셨다! 예수님은 본인의 생애 마지막 부분에 도저히 참아낼 수 없는 불가능한 상황에 봉착하셨다. 빠져나갈 길이 보이지 않았다. 예수님은 그러한 상황에서 어떻게 하셨을까?

예수님이 드린 기도

놀라운 가르침과 기적적인 치유를 베푼 시절은 지나가고,

이제는 예수님이 고난을 당할 차례가 되었다. 예수님은 십자가에서의 처형이라는 막막한 상황에 직면하게 된 것이다 (마태복음 26:47-27:44, 누가복음 23:8-12). 예수님이 그러한 곤경에 처하게 된 데에는 수많은 사람들의 역할이 있었다.

먼저, 종교적인 지도자들의 역할이다. 그들은 예수님의 인기에 대해서 질투를 하고 있었으며, 예수님의 능력과 권위에 주눅이 들어있었다. 그래서 그들은 예수를 증오한 것이다.

다음으로 가롯사람 유다가 있다. 그는 은 30냥이면 그의 스승을 배반하기에 충분한 돈이라고 생각할 정도로 정신이 나간 사람이었다. 그는 결국 스스로 목숨을 끊어버리고 말았다.

예수의 재판장에는 빌라도 총독이 있었다. 그는 유대라 하는 로마영토의 통치자로, 자신의 손을 씻고 무죄하기를 바랐던 무책임한 인간이었다.

그리고 분봉왕 헤롯이 있다. 그는 꼭두각시 왕으로 빌라도가 의견을 물으려고 예수를 그에게로 보냈을 때에, 예수를 모욕하고 조롱했던 인간이다! 그 광경을 바라보고 있었던 대제사장들과 법을 다루는 서기관들도 예수를 죄인으로 몰아붙였다.

예루살렘에서 유월절은 많은 군중들이 득실거리는 시기이다. 수많은 대중들은 권력자들의 행동에 발맞추어, 예수의 처형에 박수갈채를 보냈다. 그들은 함성을 고래고래 지르면서 "예수를 십자가에 못 박아라, 못 박아라!"고 발악을 하였다.

마지막으로 잊지 못할 인물은 바라바이다. 그는 악명 높은 행악자로, 예수의 죽음으로부터 자유라는 이득을 얻은 인간이다.

예수가 붙잡히고 처형당하는 일에는 로마의 군사들도 개입을 했었다. 그들은 상부의 지시를 따라서, 예수의 손과 발에 못을 박았다. 그들은 예수의 옷을 벗겨서 제비뽑기를 해서 나누어 가졌고, 잔인한 말로 예수를 모욕하고 조롱했다. 그들은 예수에게 침을 뱉고, 얼굴을 가리고 주먹으로 치고, 손바닥으로 때리면서, "누가 때렸는지 알아맞혀 보아라." 하면서 놀려대었다.

그리고 이제 당신과 나를 포함한 모든 인류가 거기에 포함되어있다.

　당신과 나를 포함한 모든 인간들은, 예수가 갈보리 십자가 위에서 처형당하게 된 일에 대해서 책임이 있다. 예수는 그 당시 처형당하기로 계획이 되었던, 2명의 행악자들과 함께 처형을 당했다.

　태초에, 첫 인간은 하나님에게 등을 돌렸고, 그래서 하나님과 인간의 관계는 깨어져버렸다. 그 결과 죽음이 인간의 세계로 들어왔다. 인간이 죄를 지은 것이다. 그러나 하나님 아버지는 하나님과의 깨어진 관계를 회복시킬 구조방법을 한 가지 마련하셨다. 하나님이 이 세상을 사랑하사 그분의 유일한 아들을 주시고 우리를 대신하여 – 십자가에서 죽으심으로 – 죄의 대가를 치르게 하셨다. 십자가에서 예수님은 우리의 죄를 가져가셨다. 우리를 향하신 하나님의 사랑이 예수님으로 하여금 십자가를 참고 견디게 한 것이다.

　지구상에 발을 붙이고 산 사람들 중에서 예수님과 같이 억울하고 처참하게 죽임을 당한 사람은 드물 것이다. 예수님보다 더 "인생은 불공평하다"라고 크게 외칠 사람은 이 세상에는 없다.

그런데 예수님은 무엇이라고 말씀하셨는가? 그분은 기도하셨다. 그리고 그 기도의 내용은 "아버지, 저 사람들을 용서하여 주십시오."이다 (누가복음 23:34). 나는 바로 이 기도가 인류 역사상 가장 강력한 기도였다고 믿는다! 예수님은 자신을 고통으로 몰아넣은 모든 사람을 용서의 마음으로 대했을 뿐만 아니라, 이 기도를 통해서 예수님은 하나님 아버지에게 그 모든 사람을 용서해 주실 것을 간구하였기 때문이다.

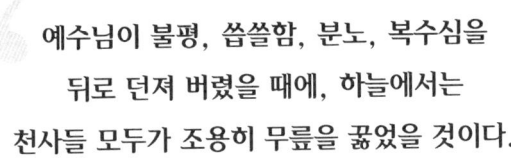

**예수님이 불평, 쓸쓸함, 분노, 복수심을
뒤로 던져 버렸을 때에, 하늘에서는
천사들 모두가 조용히 무릎을 꿇었을 것이다.**

그와 같은 상황에서 하나님께 타인을 위한 용서의 기도를 드린다는 것은 예수님께서 평소에 말씀하신 "너희를 저주하는 사람을 축복하고, 너희를 모욕하는 사람을 위해 기도하라."하신 말씀을 그대로 실천하는 행위였다 (누가복음 6:28).

"아버지, 저 사람들을 용서하여 주십시오."는 당신이 드릴 수 있는 기도 중에서 〈가장 강력한 기도〉이다.

이 기도는

· 하나님과의 관계에 변화를 가져온다.

· 성령의 능력이 당신의 삶에 역사하도록 한다.

· 영혼을 소생시킨다.

· 하나님의 치유하심으로 나아가도록 문을 열어준다.

· 타인과의 관계를 회복시켜준다.

그러나 다른 사람이 나에게 한 그 일을 용서하는 마음이 없으면, 이러한 기도는 진실한 마음으로 드릴 수가 없다. 그러므로 다른 사람을 축복하는 기도를 드리기 전에, 종종 우리들은 자기 자신을 용서하는 마음을 가질 필요가 있다.

초대교회의 첫 순교자인 스데반은 용서의 법칙을 몸소 실천한 사람이다. 그는 돌을 던지며 비난을 하는 무리들을 향하여 용서하는 태도를 취하였다. 스데반을 고소하던 자들의 무리 중에는 나중에 사도가 된 바울도 포함되어있다. 그러한 극심한 상황에서도, 스데반은 예수님과 비슷한 기도인, "주님, 이 죄를 저 사람들에게 돌리지 마십시오" 라는 기도를 외쳤다.

스데반과 같은 극심한 박해의 상황이 아니더라도 보통의 일상생활 가운데에서도 용서의 태도를 취한다는 것은 얼마나 중요한지 모른다!

마음속에서 우러나온 〈지구상에서 가장 강력한 기도〉 드리기를 배우는 것은 인생에서 가장 중요한 것을 배우는 것이다. 왜냐하면 그것이 바로 인생에서 가장 고질적이고 까다로운 문제를 해결해내는 마스터키이기 때문이다.

〈지구상에서 가장 강력한 기도〉는 과거의 상처를 간직한 채 우리가 갇혀 있는 감옥의 문을 날려 보내는 다이너마이트와 같은 능력이 있다. 이것보다 더 큰 능력이 지구의 어디 있겠는가!

Forgive and be Forgiven

용서하고 용서받기

물리적인 법칙을 무시하면 때때로
심각한 큰 곤경에 처하게 된다.
그러나 영적인 법칙을 무시하게 되면,
영적인 삶의 고통이 지속된다.

하나님의 축복의 법칙

사람들은 자동차를 운전하면서 매일 속도위반을 한다. 대부분의 사람들은 규정된 속도보다 더 빨리 달리기는 하지만, 항상 경찰에게 잡히는 것은 아니다. 교통법규는 사람들이 만든 법이므로, 잘 지키도록 정부가 강요를 해야 할 것이다.

우주의 법칙

그러나 우주에는 사람이 만들지 않은 법칙들이 있다. 사람들이 그 법칙을 지키지 않을 때는 반드시 그 결과에 대한 책임을 져야한다. 아무도 지켜보는 사람이 곁에 없는 것 같아도, 우주의 법칙들과 그 결과는 항상 명백하게 우리를 따라잡는다. 그 법칙에는 물리적인 법칙과 영적인 법칙이 있다!

예를 들어서, 만유인력의 법칙을 한번 생각해 보자. 호주머니에서 동전을 꺼내어 떨어뜨리면, 동전은 땅에 떨어진다. 지구에는 중력이 있기 때문이다. 만약에 당신이 절벽에서 발을 헛디뎠다면, 중력의 법칙에 의해서 당신의 몸은 아래로 곤두박질치며 추락할 것이고, 십중팔구는 사망하게 될 것이다. 우주에 존재하는 모든 물체는 중력이라는 만유인력의 법칙에 따라야만 한다. 우주에 존재하는 것 중에 이 법칙을 무시할 수 있는 존재는 하나도 없다. 한 순간도 무시할 수 없다. 그 누구도 그 무엇도 이 법칙을 바꿀 수 없는 것이다.

이 세상에는 우주를 운행하게 하는 많은 법칙들이 있다. 그 모든 것들은 인간이 임의로 바꿀 수 없는 것들이다. 왜냐하면 천지 만물을 질서 있게 만드신 창조주 하나님의 일관성과 그분의 지혜를 대변해 주는 법칙들이기 때문이다.

과학을 탐구했던 초창기의 개척자들은 바로 그 우주의 법칙을 발견하려는 노력을 경주하였다. 자연에 그러한 법칙이 없다면, 우주는 아마도 무질서한 혼돈의 세계가 되었으리라 생각했기 때문이다. 무질서 속에서는 자연과 생명은 존재할 수도 없고, 인간도 역시 생존할 수 없다.

모든 인간은 물질의 세계 안에서 살고 있기에, 물리적인 법칙에 종속되어있다. 그러나 인간에게는 물질로 이루어진 육신 이외에 다른 것이 있다. 인간은 영물이다. 인간의 몸의 모양이 특이하고 유일한 것 같이, 인간의 성격과 인격도 역시 특이하고 유일하다. 성경에서는 다른 동물과는 다른 바로, 그런 인간의 독특한 성질을 설명하기 위해 "영" 내지는 "혼"이라는 단어를 사용하고 있다 (시 35:9, 51:10, 살전 5:23, 히4:12을 참조하라).

그러므로 인간은 육적이면서도 영적인 존재이다. 인간은 육적이기에 물리적인 세계에 작용하는 법칙에 지배를 받는다. 그러나 인간은 동시에 영적이기에, 하나님께서 영적인 세계에 만들에 놓으신 영적인 법칙에 지배를 받기도 한다.

인간은 영적인 세계와 물질의 세계에 동시에 존재하므로, 서로에게 영향을 끼치는 상황가운데 존재한다. 즉, 영적인 세계에서 발생한 일이 물질적인 일에 영향을 미치며, 반대로 물질적인 세계에서 발생한 일이 영적인 세계에 영향을 미친다.

우리가 어린 아이였을 때에 배우는 것은, 물리적인 세계의 법칙을 어기는 경우 그 결과로 고통을 당한다는 사실이다. 그래서 부모들은 자녀들에게 물리적인 세계의 법칙을 일부러 가르친다. 왜냐하면 아이가 실수로 자연의 법칙을 어기고 고통을 당하는 경우를 줄이기 위해서이다. 예를 들자면, 아이가 계단에서 굴러 떨어지고 나면 스스로 중력의 법칙을 발견할 수도 있을 것이다. 또한 길거리에서 달리는 자동차와 부닥치고 나서 움직이는 물체에 대한 관성의 법칙을 발견할 수도 있을 것이다. 그러나 부모는 자녀들에게 미리 그러한 법칙을 알려주어서 사고를 미연에 방지하고 싶어 한다.

**물리적인 법칙을 무시하면 때때로
심각한 곤경에 처하게 된다.
그러나 영적인 법칙을 무시하게 되면,
심각한 결과가 영원히 지속된다!**

그렇지만 영적인 법칙들은 어떠한가? 누가 영적인 법칙을 미리 알게 해 주어서 위험을 사전에 방지할 수 있게 해 주는가?

부모들이 물리적인 법칙뿐만 아니라 영적인 법칙까지도 자녀들에게 교육시켜 주는 것이 원래 하나님의 뜻이었다. 왜냐하면 물리적인 법칙에 대한 무지가 엄청난 결과를 가져오는 것과 마찬가지로, 영적인 법칙에 대한 무지는 더 큰 재난을 불러올 수 있기 때문이다. 물리적인 법칙을 위반하면 이 세상에서 곤경에 처하게 되지만, 영적인 법칙을 위반하면 영원한 피해를 입게 되어있다.

당신과 나는 – 그리고 모든 인류는 – 우리를 만드신 하나님께 반항한 이유로 그 분과의 관계가 깨어져 버렸다. 그 결과로 우리는, 그렇지 않았다면 자연적으로 알도록 되어있는 영적인 법칙에 대해서, 무지해져 버렸다.

그렇지만 사랑이 많으신 하나님은 우리를 위해 두 가지 일을 해내셨다. 첫째는 기록된 말씀인 성경책을 주셨다. 그 책을 통해서 하나님은 인간으로 하여금 영적인 법칙을 알게 하시고, 영적인 법칙을 무시했을 때에 발생할 결과를 미리 알게 해주셨다. 둘째로 하나님은 살아있는 하나님의 말씀인 예수님을 세상에 보내주셔서, 하나님과의 관계가 회복될 수 있는 길을 열어주셨다.

예수님께서는 말씀하시기를, 예수님이 이 땅에 오신 목적은 하나님이 아버지를 보여 주시기 위해서라고 하셨다. 예수님은 제자들에게 사람들이 예수님을 보았으며, 하나님을 본 것과 마찬가지라고까지 말씀하신 것이다 (요한복음 14:7-9).

용서의 법칙

우리 모두에게는 자유의지가 있다. 즉 인생에서 일어나는 어떠한 일에 대해서도 선택할 능력이 있다는 말이다. 그러나 우리는 좋은 선택과 나쁜 선택, 선한 선택과 악한 선택을 할 수 있다. 좋은 선택과 선한 선택을 하면 인생에 축복이 넘쳐날 것이다. 반대로 나쁘고 악한 선택을 하면 저주가 나의 것이 된다.

바로 그러한 원리들이 〈지구상에서 가장 강력한 기도〉와 직접적으로 연결 되어있다! 그 기도를 드려야만 하나님의 영적인 법칙의 심장부로 들어가게 된다. 그러면 바른 선택을 하는 것이고, 당신은 축복의 땅을 밟게 될 것이다!

예수님의 제자들은 예수님께 기도하는 방법을 가르쳐 달라고 문의한 적이 있다. 그때, 예수님께서는 모든 기도의 기본 틀을 가르쳐 주셨다. 우리는 그것을 주기도문이라고 한다 (마 6:9-13, 눅 11:1-4).

하나님을 믿고 기도하는 모든 사람은 죄의 용서함 받기를 갈망한다. 그 누구도 용서받지 못한 죄가 하나님의 책에 영원토록 남아 있어서, 하나님과의 관계에 금이 가는 것을 원하는 사람은 없을 것이다. 그렇기에, 예수님이 제시한 기도의 원형에 "우리 죄도 사하여 주옵시고."라는 구절이 들어갈 때에, 예수의 제자들은 모두 안도의 숨을 내쉬었을 것이다.

인간은 인간에게 허락된 것 이상을 넘어설 때에는 죄를 범하게 된다. 남의 집에 허락도 없이 침범하면, 주거 침입죄를 범하는 것이다. 하나님께서 선과 악을 구분하도록 설정하신 경계선을 넘어서서 침범해 들어가면, 우리는 하나님께 죄를 범하게 된다. 우리는 영적인 발자국을 남기고 인생 여행을 하고 있기에, 하나님은 우리가 어디를 걸어왔는지 모두다 아신다!

　인간과의 관계에서도 다른 사람의 물건에 함부로 손을 대면, 인간 사이의 관계가 깨어지듯이, 하나님과의 관계에서도 영적으로 범하지 말아야 할 것을 범하면, 하나님과의 관계에 손상이 가게 되어 있다. 그러면 양심이 찔리고 잘못한 것을 알게 된다.

　마음 깊숙한 곳에서 모든 사람들은 하나님과의 관계회복을 갈망한다. 그러나 자존심을 죽이고 겸손하게 되지 않는 한, 하나님께 돌아갈 길은 없다. 잘못했음을 시인하고, 용서를 빌기 전까지는, 문제가 해결되지 않는다. 그러므로 겸손은 은혜로 들어가는 통로이다!

　주기도문을 통해 우리들은 하나님의 용서를 비는 자로 하나님 앞에 서게 된다. 그러나 그 다음 부분에는 너무나도 도전적인 기도가 등장한다. 아니, "우리의 죄를 사하여 주시옵소서"라고 기도하기 전에 "우리가 우리에게 죄지은 자를 사하여 준 것같이"라는 기도를 드려야만 하는 것이다. 바로 여기에서 우리는 살고 죽는 영적인 법칙에 직면하게 된다. 이 법칙은 신적인 법칙으로 우리가 좋아하든 싫어하든 상관없이 우주에 작용하는 법칙이다.

예수님의 제자들은 심각한 갈등을 겪으면서 다른 사람을 용서하는 문제와 씨름해야만 했다. 왜냐하면, 예수님께서 부연설명까지 덧붙이셨기 때문이다. "너희가 사람의 과실을 용서하지 아니하면, 너희 아버지께서도 너희 과실을 용서하지 아니하시리라"(마태복음 5:15).

예수님의 제자인 베드로는 예수님께 심지어 얼마나 자주 용서해야만 하느냐는 질문을 던질 정도였다. 7번 용서하면 되느냐고 제안하면서 참으로 너그러운 자신의 모습을 드러내 보이려고 하였다! 그러나 예수님께 들은 대답은 참으로 뜻밖의 것이었다. "예수께서 가라사대 네게 이르노니 일곱 번 뿐 아니라 일흔 번씩 일곱 번이라도 할지니라"(마태복음 18:21). 다른 말로 하자면, 몇 번 용서해 주었는지 세고 있지 말고, 계속 용서해 주는 일에만 전념하라는 것이다!

축복의 법칙

끊임없는 축복을 원하는 사람은 끊임없이 용서해야한다.

그렇게 하지 않으면서, 나를 용서해 달라고 하나님께 드리는 기도는 어불성설이다. 나는 다른 사람을 용서해 주지 않지만, 하나님께는 나를 용서해 주셔야 한다고 떼를 쓴다면, 내가 남에게 하기 싫은 것을 하나님께 하라고 강요하는 격이 된다. 나는 남을 전혀 용서해 주지 않으면서, 하나님은 나를 용서해 주어야한다고 주장한다면, 우리는 위선자가 되는 꼴을 면치 못한다.

자신의 몸에 못을 박아 십자가에 매달아 놓는 그 사람들에 대한 용서의 마음이 없었다면, 예수님은 〈지구상에서 가장 강력한 기도〉를 드리지 않으셨을 것이다. 예수님은 평소부터 다른 사람을 용서하는 것이 바로 무한한 축복으로 들어가는 지름길이라는 것을 알고 계셨다. 그래서 제자들에게 거듭 거듭 강조해서 그것을 가르치셨다.

죄의 용서라는 것은 하나님이 자녀들에게 베푸시는 축복 중에서 최고의 축복이다. 그러나 나에게 죄지은 다른 사람의 죄를 용서해 주지 않는다면, 하나님이 주시는 최고의 선물을 놓칠 수 있다.

용서와 함께 오는 축복을 경험한 마리아와 알렉의 경우를 한번 살펴보자. 마리아는 자신의 아버지에게 오랜 기간 동안 성적인 학대를 당해왔었다. 그로 인하여 그녀 자신도 그 이후로 문란한 성생활에 빠졌다. 자신의 아버지를 사랑하기보다는, 수많은 남자들의 품에 안겨서 잃어버린 사랑에 대한 보상을 받아보려고 했던 것이다.

그러나 마리아는 그 모든 성적인 접촉들이 그릇된 것임을 깨닫고, 하나님께 죄를 고백하고, 용서해 달라는 기도를 드렸다. 그러나 그러한 기도를 드렸음에도, 별로 달라지는 것을 느끼지 못했으며, 왜 아무런 변화가 오지 않는가에 대한 의아함만이 남았었다.

그래서 그녀는 그녀의 일생에 가장 어려운 결단을 내려야만했다. 그것은 과연 아버지를 용서할 것인가 아닌가 하는 것에 대한 결정이었다. 그렇지만, 그렇게 끔찍한 일을 저지른 아버지를 어떻게 용서한다는 말인가? 그렇지만, 마리아에게는 자신이 육신의 아버지를 용서하지 못하면, 하나님의 크신 용서를 온전히 체험할 수 없을 것이라는 직감이 발동하였다.

그래서 아버지를 용서해 보려고 묵상을 하는 중에, 만약에 아버지를 용서하지 않으면, 아버지가 자신에게 한 그 짓이 마리아의 일생을 지배하게 되리라는 것을 깨닫게 되었다. 마리아는 자유롭게 되기를 갈망하였다. 그러나 우선 마음속의 모든 씁쓸함과 분노를 내보내야만 했다.

마리아는 결국 마음속에서 벌어지는 영적인 전쟁에서 승리했고, 아버지를 용서하게 되었다. 그리고 그때야 비로소 하나님의 그 크고 넓고 깊으신 사랑을 온전히 알게 되었다. 죄로 인해 짊어졌던 모든 멍에가 벗겨진 것이다. 마리아는 마태복음 6:14에 기록된 하나님의 무한하신 축복을 경험하였다.

마리아가 배운 것은 다름 아닌 〈용서에 대한 하나님의 영적인 법칙〉을 인간이 무시할 수 없다는 사실이다. 물리적인 법칙인 만유인력의 법칙보다 더 정확하며, 더 큰 능력을 발휘하는 영적인 법칙 말이다. 법칙을 무시하면 고통당하는 것은 다름 아닌 그 사람 자신이다. 그러나 영적인 법칙을 잘 준수하면, 우리는 엄청난 축복을 받게 된다.

알렉도 용서에 관한 문제로 고심을 한 사람이다. 다른 사람을 용서해 준다는 것은 참으로 불공평한 처사라는 판단이

섰기 때문이다. 그러나 그를 가장 고통스럽게 한 그 사람을 용서하는 것을 통해 진정한 자유와 축복을 맛 본 후에는 생각이 달라졌다. 일단 한번 축복을 경험한 후로부터, 그는 전혀 다른 사람이 되었다. 누군가 더 용서할 사람이 없는가 절박하게 찾기 시작했다. 왜냐하면 더 큰 자유와 축복을 갈망했기 때문이다!

마리아와 알렉, 그리고 수천 명의 다른 사람들도, 하나님의 법칙을 아주 어렵게 체험하고 있다. 그러나 하나님의 용서의 법칙을 무시하면 영적인 묶임 속에서 압박을 받게 되어 있다. 그러나 일단 용서하기 시작하면, 다른 종류의 영적인 법칙이 발동하게 된다. 그것은 축복의 법칙이다. 즉 하나님의 용서하시는 자비로움을 체험하게 된다는 것이다. 남을 용서하는 것과 하나님께 용서를 받는 것 사이는 아주 가까이 연결되어있다. 그러므로 하나님이 약속하신 축복을 받는 비결은 바로 그 영적인 법칙을 따르는 길뿐이다.

4장

But They Don't Deserve It!

용서할 만한 가치도 없는 인간들인데요!

범죄자는 사회와 그가 범죄를 저지른
그 사람에게 빚을 갚을 수 있다.
그러나 그렇게 했다고 해서
하나님에게 진 빚도 갚은 것이 되는가?

가장 큰 장애물

 말은 맞는 말이다! 타인에게 깊은 상처를 주는 말이나 행동을 저지른 그 인간들은 용서받을 만한 가치도 없는 인간들이다. 우리가 예수님의 마지막 순간을 생각한다면, "십자가에 못 박아라!"고 고함을 친 군중들로부터 시작해서 침 뱉고 때리고 조롱한 군병들에 이르기까지 관련된 모든 사람들은, 아무 죄도 없는 예수님을 억울하게 죽인 사람들로서, 용서에 대해서 언급할 일원방귀 가치도 없는 인간들이다. 그들은 진정 용서받을 만한 가치도 없는 인간들이다!

 그러나 예수님은 이렇게 절규하셨다. "아버지, 저 사람들을 용서하여 주십시오. 저 사람들은 자기네가 무슨 일을 하는지 알지 못합니다."

종종 용서한다는 것은 그 자체가 말이 안 되는 경우가 많다. 특히 우리에게 너무나도 극심한 피해를 준 그 인간들을 용서하려고 할 때는 더욱더 그렇다. 우리들의 마음속에는 정의를 갈망하는 마음이 일고 있다. "공평하지 않다!"는 것이다.

그렇기에 용서한다는 것은 사실 불가능한 것이다. 용서라는 것은 정의에 관계된 것이 아니라 사랑의 행위라는 것을 이해해야만, 비로소 가능해진다. 그렇다면, 정의와 사랑의 차이점은 무엇일까?

정의를 요구함

물건을 훔치다가 붙잡힌 사람에 대해서는, 그 물건 값을 변상해 내라는 것이 정의이다. 그러한 범죄에 대한 변상은 원래의 물건 주인에게 물건을 돌려주고, 그 피해보상의 한 방법으로 감옥에서 얼마간 지내는 것을 포함한다. 성경도 저지른 범죄에 대한 벌을 이야기하고 있으며, 정의를 부르짖고 있다.

사회에 대한 빚을 갚은 범죄자는 법적으로 말하자면, 자유롭게 되어야한다. 그러나 사실이 그런가? 우리가 현실을 어떻게 바라보느냐에 따라 다르다. 사회에서 그 도둑은 자신이 하고 싶은 일을 하도록 다시 한 번 허락을 받을 것이다. 그리고 그의 행동이 법에 위배가 되지 않는 한에 있어서, 그는 일생동안 자유인으로 남아있을 것이다. 그렇지만, 그렇다고 해서, 그 사람이 진짜로 자유로울까?

범죄자는 그가 범죄를 저지른 사람에게 용서를 빌고, 그 사람으로부터 용서를 받고, 가능한 최선을 다해 손해배상을 하기 전까지는 자유롭지 못하다.

그렇지만 그것은 오직 범죄에 대한 인간의 영역에서의 결과만을 말하는 것이다. 도둑은 범죄의 피해자와 사회에 대해서 잘못을 저질렀을 뿐만 아니라, 하나님의 명령을 어긴 죄를 저질렀다. 그러므로 그는 하나님의 영적인 법칙을 위배한 심각한 상황에 직면한다. 그러므로 사람이나 사회와의 문제는 해결됐을지라도, 아직도 하나님과의 문제가 남아있다.

> 범죄자는 사회와 그가 범죄를 저지른
> 그 사람에게 빚을 갚을 수 있다.
> 그러나 그렇게 했다고 해서
> 하나님에게 진 빚도 갚은 것이 되는가?

이미 앞에서 말한 대로 인간은 영적이면서 육적인 존재이다. 그러므로 육적인 세계에서 행한 모든 일에 대해서 영적인 결과가 따라온다. 우리가 잘못을 저지르면, 하나님과의 관계에 금이 간다. 그리고 그 결과는 영적인 사슬에 묶여서 자유를 상실하는 것이다. 다른 사람이 우리를 잡아서 감옥에 집어넣을 필요도 없다. 자동적으로 들어가게 되어있기 때문이다.

이는 중력의 법칙과 비슷하다. 발을 헛디뎌 일단 절벽에서 떨어지면, 때는 이미 늦은 것이다. 선택의 여지가 없이, 원하던 원치 않던 상관없이, 아래로 추락하는 방법 이외에 다른 방법은 없다.

영적인 세계에서 일어나는 일도 비슷하다. 우리를 만드신 하나님께 반항하고, 영적인 세계에서 하나님이 만드신 영적인 법칙을 무시하면, 우리 자신이 선택한 결과에 따른 감옥

속으로 들어가게 되어있다. 일단 영적인 절벽에서 떨어지면, 때는 이미 늦은 것이다. 나갈 구멍이 없는 감옥에 자동적으로 갇히게 되어있다. 인간의 법이 범죄에 대한 형벌과 보상을 요구하듯이, 영적인 법칙도 죄에 대한 보상을 요구한다.

예를 들어서, 판사가 물어내라는 보상금을 내지 못해서 감옥에 갇히는 신세가 되었다고 하자. 그러면 보석금이나 보상금을 내기 전까지는 나오지 못할 것이다. 그렇지만 감옥에서 나올 수 없음으로, 세상에서 일을 해서 돈을 벌고 그 돈으로 보석금을 낼 수 있는 기회를 갖지 못한다. 그런 경우는 참으로 막막한 상황에 처하게 되는 것이다. 그렇기 때문에 누군가 감옥밖에 있는 사람이 대신해서 돈을 내주어야만 비로소 자유로워질 수 있다.

죄의 문제에 대해서는 상황이 더욱더 막막하다. 왜냐하면 모든 인간이 전부다 감옥에 갇혀있기 때문이다! 모든 인간은 전부다 영적인 절벽에서 떨어져서, 영적인 중력의 법칙을 피할 수 없다는 것을 발견하고 있는 상황이다. 모든 인간은 하나님과의 관계가 단절되었기에, 영적인 감옥에 갇힌 신세가 되었다. 뿐만 아니라, 감옥 밖에서 대신 보석금을 내어주고 감옥에서 빼내줄 사람도 없다. 우리 모두는 한꺼번에 감옥에 갇혀버렸다. 물론, 단 한사람만 빼놓고는 말이다. 그 분은 예수님이신데 아무 죄도 범하지 않으셨기에, 감옥에 갇히지 않으셨다!

예수님은 죄가 없으신 하나님의 아들로 이 세상에 오셨다. 물론 수많은 시험과 고통의 문을 통과했지만, 죄는 범하지 않으셨다. 예수님은 마귀의 지배를 허락하신 적이 없다. 예수님은 그 어느 누구에 의해서도 지배받지 아니하신다. 영적인 절벽의 난간으로 올라가, 중력의 법칙을 어기고, 뛰어내린 적도 없다! 예수님은 항상 올바른 선택만 하셨고, 모든 사람을 사로잡아 가두는 죄의 감옥에 갇히신 적도 없다.

감옥밖에 있는 예수님은 죄 지은 자들을 위해 탄원하시기도 하시고, 대신 값을 치르시고 사람들을 감옥에서 끄집어내기도 하신다. 죄지은 사람이 혹독히 치르는 대가 중에 가장 극심한 것은 우리를 만드신 하나님 아버지와 단절되는 것이다 – 다른 말로 하자면, 죽음이다.

예수님은 죄를 지으신 적이 없기에, 그 분은 우리와 같이 감옥에 갇혀있지 않으셨다. 그럼으로 십자가에서 처형을 당했음에도 불구하고, 예수님에게는 죄인이라는 명칭을 붙일 수 없다. 심지어는 죽음조차 예수님을 가두어 놓을 수 없었다 (사도행전 2:24).

그러므로 예수님은 우리 대신에 감옥에 갇히신 분이거나, 아니면 우리들이 마땅히 치러야할 보석금을 대신 내 주시느라고 고통을 당하신 분과 같은 사람이다. 예수님은 죽음을 통하여 인류와 연합되셨다. 그분은 하나님 아버지로부터 버림을 받는 것이 어떠한 것이라는 것을 친히 몸소 경험하신 분이시다. 그러나 주님은 자유로우신 분이시므로 죽음이 그를 가둘 수 없었다. 부활은 정녕 당연한 결과였다. 왜냐하면 예수님은 원래 그러한 분이셨기 때문이다.

예수님의 죽으심으로, 죄의 대가는 치러졌고, 정의는 회복되었다. 하나님은 인간의 모든 죄를 이제 처리하실 수 있는 통로를 열어놓으신 것이다.

하나님과의 평화

고백되어지지 않고 용서받지 못한 죄는 우리 안에서 우리 자신을 공격하는 습관이 있다. 종종 영적인 문제가 육신의 질병이라는 결과로 나타나기도 한다. 그래서 예수님은 중풍병 환자의 병을 고치실 때, 먼저 죄의 용서의 문제를 다루었다. 야고보 사도도 우리가 병 낫기를 원한다면 서로 죄를 고백하라고 권면하였다 (약 5:16).

타니야의 이야기는 죄의 고백이 가져오는 평안에 관한 이야기다. 저자인 나의 치유세미나가 끝나갈 무렵에, 타니야는 나에게 고백하기를, 지난 수년 동안 회사의 공금을 횡령하여 그 액수가 수천 달러에 이른다고 했다.

그녀의 양심은 그녀를 너무나 괴롭혔다. 착복한 돈은 그녀에게 행복을 가져다주지 않았고, 도리어 엄청난 고뇌를 가져다주었다.

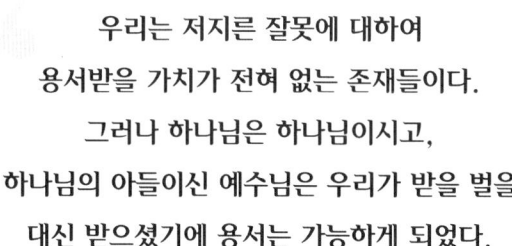

**우리는 저지른 잘못에 대하여
용서받을 가치가 전혀 없는 존재들이다.
그러나 하나님은 하나님이시고,
하나님의 아들이신 예수님은 우리가 받을 벌을
대신 받으셨기에 용서는 가능하게 되었다.**

그녀가 자신의 죄를 고백하고 하나님 앞에서 토해낼 때에, 하나님으로부터 받은 음성은 회사에 진실을 밝히고 모든 것을 다시 물어내는 것이라는 것이었다. 그녀는 다음날 아침에 회사가 발칵 뒤집힐 것을 감지하면서 집으로 발걸음을 향하기는 했지만, 태어나서 처음으로 평안한 마음으로 걸어갔다. 치유가 시작된 것이다.

도둑질하다가 잡힌 사람은 훔친 물건을 모두 되돌려 주게 되어있다. 일단 사람에게 보상을 해 준 후에도 마음이 찜찜하다면, 온전히 자유롭게 되기 위해서 무엇을 해야 할까? 그것은 예수님을 구세주로 믿으면서, 하나님께서 죄를 용서해 주실 것을 간구하는 일이다.

물론 지구상에 어느 누구도 하나님의 그러한 관대하신 용서를 받을 만한 자격이 있는 사람은 없다. 우리는 저지른 잘못에 대하여 용서받을 가치가 전혀 없는 존재들이다. 그러나 하나님은 하나님이시고, 하나님의 아들이신 예수님이 우리가 받을 벌을 대신 받으셨기에 용서는 가능하게 되었다.

슬픈 사실은 우리 인간들은 용서받을 만한 가치가 없는 존재들일 뿐만 아니라, 당신이나 나나 할 것 없이 우리 모두는 전능하신 하나님께 반항하다가 감옥에 갇힌 신세가 된 인간들이라는 사실이다! 다른 말로 하자면, 우리 모두는 다 같은 배에 탄 사람들이다. 물론 어떤 사람은 다른 사람보다 더 악독한 일을 하는지 모르겠지만, 영적인 그리고 영원한 결과는 모두 다 마찬가지인 것이다.

용서의 자유

비슷한 원리가 용서에도 적용이 된다. 우리에게 행해진 일이 작은 일이던지 큰일이던지 상관이 없이, 용서하지 않음으로서 오는 결과는 마찬가지다. 다른 사람을 용서하지 않기로 결심하면, 그 순간부터 씁쓸함, 불평, 그리고 분노가 우리 안에 쌓여져 간다. 그러한 부정적인 감정들은 마음의 암(cancer)과 같아서, 우리를 좀먹어 들어간다. 그러면 아무리 논리가 정연하고, 상대방이 잘못한 것이 확연할 지라도, 결국은 나도 피해를 보게 되어있다.

우리는 다른 사람과 나를 비교하는 습관이 있다. 그리고는 남보다 나를 더 나은 사람으로 만들어 놓는다. 내가 다른 사람보다 더 잘했다는 것을 핑계로, 용서하지 못하는 자신을 정당화시키려는 것이다. 그러나 현실적으로 보면, 그러한 얄팍한 꾀는 인생에 별로 도움이 되지 않는다.

다른 사람이 나에게 준 상처의 크기라는 것이 엄청날 수도 있다. 그러나 용서하지 않으면, 그 상처는 내 안에 그대로 남아있게 된다!

그들이 나에게 한 가해의 강도는, 우리의 용서하지 못하는 마음의 자세를 틈타서, 날이 가면 갈수록 더욱더 심하게 우리를 찌를 것이다. 그리고 마지막에는 모든 것을 다 불살라 버린다. 그러면 우리는 불평-불만의 바다 속을 헤매며, 정서적, 육체적, 심리적인 문제들로 고통을 당하게 된다 (히브리서 12:15을 보아라).

만약에 당신이 쓴 뿌리의 독에서 자유롭게 되기를 원한다면, 그리고 다시 건강해 지고, 모든 인간관계가 정상으로 회복되고 마음의 평화를 되찾기 원한다면, 지금 당장 용서하기 시작하라. 그럴 때만이 비로소 예수님의 모범을 따라가는 것이고, 〈지구상에서 가장 강력한 기도〉인 "아버지, 저 사람들을 용서하여 주십시오"의 능력을 맛보게 된다.

당신에게 상처를 준 그 인간들을 용서하기 시작하는 순간부터 속박의 사슬들이 끊어지기 시작하고, 당신은 자유롭게 걸어 다니며 세상을 살 수 있게 된다.

제니의 이야기는 용서가 가져다주는 자유라는 선물에 관한 이야기이다. 제니는 어머니로부터 말할 수 없는 학대를 받으며 자라난 여인이다. 30년이 지난 후까지도 제니는 신경정신과 의사가 주는 강력한 약물에 의존해서 살고 있었다. 인생의 균형이 깨어졌고 정신에는 균열이 생겼으며, 자살은 참으로 유일한 선택인 것 같았다.

외형적으로는 지난 오랜 기간 동안 어머니와 실제 접촉이 없었지만, 제니의 내면세계에서는 어머니가 아직도 제니를 지배하고 있었다. 용서하지 못함이, 과거의 모든 상처와 기억들을 마음속에 간직하도록 만들고 있었기 때문이다. 제니는 날마다 새롭게 과거의 고통의 기억들로 시달리고 있었고, 그러한 덫에서 빠져 나오지를 못하고 있었다.

그러나 어머니를 용서한다는 것은 이 세상에서 가장 위험하고, 가장 불공평한 일인 것 같았다. 용서한다는 것은 불가능한 움직임이었다. 제니는 그러한 더 고통스러운 곳으로 여행하고 싶지 않았다. 그러나 제니는 조금씩 과거의 상처를 극복해 나아가기 시작했다.

급기야, 얽어매던 사슬이 끊겼고 제니는 이제 참 자유를 누리며 살고 있다. 어머니를 용서하는 것은 과거의 상처를 극복하고 새로운 삶으로 나아가는 첫 걸음이라는 것을 이제야 깨닫고 있다. 제니는 하나님께서 자신의 어머니를 축복해 주실 것을 기도하면서, 제니 자신의 미래가 활짝 열리는 것을 경험하고 있다!

물론 제니의 어머니는 용서받을 만한 자격이 없는 인간이다. 그러나 제니는 자신의 어머니를 용서하지 못함으로 지옥의 불 속을 헤매고 돌아다녀야만 했다! 그러나 이제 〈지구상에서 가장 강력한 기도〉를 통해서 제니는 영원히 해방되었다!

Starting with Parents
부모로부터 시작하기

그러면 누구에 관한 봉사이냐하니
그 고등과 그 쉼과 안락함은
영마저 상하지 말고
내 혼을 일기 시작했습니다

부모가 한 모든 일을 용서하는 것의 중요성

 싫든지 좋든지, 당신의 부모는 당신의 인생에서 가장 중요한 사람이다! 이 세상에서 당신이 누구이며 어떤 사람이 되었느냐를 결정짓는데 당신의 부모보다 더 큰 역할을 한 사람은 없다. 심지어는 당신이 태어난 그날 이후로 부모를 단 한 번도 본 적이 없는 경우라도 위의 사실은 적용된다!

 낙태를 옹호하는 사람들이 주장하는 것과는 반대로, 아기는 임신이 된 그 순간부터 엄연한 한 인격체이다. 그렇기에 당신이 부모를 단 한 번도 본적이 없다손 치더라도, 이미 적어도 10달은 부모와 함께 있었던 것이다.

반대로, 어떤 사람들은 부모의 손에 의해서 잘 키워지기도 한다. 부드러움과 사랑에 에워싸여서 아주 어린 시절부터 잘 자라난다. 그러나 극심한 상황도 있다. 어머니가 폭력적으로 강간을 당해서 그 결과로 태어난 아기들도 있다. 그러나 대부분의 사람들은 아주 좋은 가정에서 자라나는 것도 아니고 아주 나쁜 가정에서 자라나는 것도 아니다. 그냥 대충 중간쯤 된다.

우리들의 물려받은 유산을 처리하기

당신의 부모가 참으로 원했던 아기가 당신이고, 첫 출발이 아주 좋았다 하더라도, 당신의 부모는 완벽한 부모는 아니었을 것이다. 왜냐하면 당신의 부모들도 또한 조상으로부터 내려오는 여러 부족하고 악한 관습을 물려받은 사람들이기 때문이다. 우리들 모두는 우리 조상들의 열매이며, 그들로부터 물려받은 모든 것들이 전부다 좋은 것은 아니다.

어쩌면 나쁜 소식을 전하는 것 같이 들릴 것이다. 혹자는 "과거에 일어난 일들은 이미 발생한 것이고, 지금 와서 어떻게 할 수도 없는 노릇인데, 도대체 뭘 어쩌라는 것이냐?"는 식으로 반응할지도 모른다.

지난 과거에 대해서 어떻게 할 길이 없는 경우, 과거에 대한 아픈 상처를 끄집어내는 것은 마음만 상하게 하는 것이라는 주장에 나는 동의한다. 필요도 없는 분노만 자아내고, 문제를 해결하지는 못할망정, 도리어 더 복잡하게만 만들 가능성도 있는 것도 사실이다.

고조할아버지가 증조할아버지의 삶에 끼친 영향에 대해서 지금 와서 당신이 무엇을 어떻게 하겠는가? 심지어 내 자신이 나의 과거로 돌아가서, 나 자신이 어렸을 때 받은 상처나 환경을 되돌릴 수 조차 없는 주제에 말이다.

인간은 그 누구도 이 세상에 태어나서 어머니의 태속에서 지낸 10개월간을 되돌릴 수도 없고, 태어나던 날 아주 위험한 여행인 태속에서 바깥세상으로 나오던 때로 되돌아 갈 수도 없다.

심지어는 아동기의 발달도 아동 스스로가 조종할 수 있는 성질의 것이 아니다. 단지 가능한 일은 물려받은 것을, 그것이 좋은 것이던지 나쁜 것이던지, 그냥 있는 그대로 받아들일 수밖에는 없다. 아동기의 교육에는 아동 자신의 선택권이 부여되어있지 않다. 모든 아동기의 교육은 어른들에 의해서 조종되며, 아이들은 그냥 억지로 견디던지 아니면 즐기던지, 둘 중에 하나를 선택할 수밖에 없다.

사실, 청소년기에 이르기 전까지는, 가장 중요한 인생의 중대한 결정들을 스스로 내리지 못한다. 그러나 불행한 사실은, 자신이 삶에 대해서 책임을 져야하는 성인기가 되었을 때, 이미 부모의 잘못된 결정이나 그릇된 영향력으로, 다시는 돌이킬 수 없이 인생이 망가져 버리게 된 경우도 있다.

그러나 과거에 부모가 저지른 잘못이나 그릇된 영향력을 고쳐보려고 하지만, 도리어 자신이 부모보다 더 큰 실수를 범하기도 하고, 이상하게도 부모가 한 행동을 그대로 답습해 가는 경우도 허다하다. 아동기에 경험한 고통에, 성인이 된 자신이 저지르는 잘못들로 인한 고통을 더함으로 인생의 짐은 점점 더 무겁게 된다!

"얼마나 인생이 엉망진창인가!" 바로 그렇다. 그래서 어떻게 하자는 말인가? 인간은 부모가 물려준 정신적인 유산을 바꾸어 놓을 수 없다. 그러나 하나님은 하실 수 있다. 하나님으로 하여금 당신의 마음을 만질 수 있도록 허락하라. 그러면 사슬처럼 이어지는 죄와 고통의 사슬이 끊어지리라!

사슬 끊어버리기

맨 첫 장에서 살펴본 대로, 사람의 삶에는 여러 가지의 방들이 있다. 대부분의 경우에, 부모와의 어려웠던 관계들은 주로 벽장 속에 처박아 넣어둔다. 그리고 문을 잠가버리면, 영영 그 안에서 빠져 나오지 못하리라 기대한다.

그리고 사람들은, 이 세상에서 그저 주어지는 대로 최선을 다해서 살면, 최상의 열매가 맺히리라 기대하고 나름대로 살아간다. 그렇지만 닫힌 벽장문 안에는 뒤죽박죽이 된 과거의 역사가 엄연히 살아서 종종 사람을 괴롭힌다.

물론 하나님께서는 과거에 이미 저질러진 일들을 일어나지 않은 것처럼 되돌리지는 않으신다. 그렇지만 하나님은 과거를 청산하게 함으로 현재를 더 밝고 맑게 살아갈 수 있게 해 주신다. 하나님은 그러한 숨겨지고 뒤죽박죽인 방들을 청소할 수 있는 도구를 가지고 계신다.

모든 더러운 방의 문을 열 수 있는 마스터키는 용서이다. 이 열쇠를 사용하지 않고서 그 문들을 열 수 있는 방법은 없다. 그 방문들은 열려져야만 한다. 그래서 그 방들은 청소되어져야만 한다. 그렇지 않으면, 온갖 썩는 냄새와 독한 물질이 결국은 나머지 방들에도 침투하게 된다.

용서라는 열쇠를 사용하면 방문을 열고 청소를 시작할 수 있다. 그러면 당신은 다시 백짓장 같이 하얀 인생을 새로 시작할 수 있게 되리라. 하나님의 도우심으로 과거가 청산이 되고, 새로운 날이 밝아오는 것이다. 부모들이 어떠한 유산을 우리에게 남겨 주었건 간에, 부모들은 자신들의 실수가 그렇게도 치명적인 결과를 가져오리라 생각하지 못했을 것이다. 미리부터 그러한 것을 세세히 알 수 있는 부모는 드물다.

성경은 이렇게 말한다. "우리 열조는 범죄하고 없어졌고 우리는 그 죄악을 담당하였나이다." (애 5:7). 그러한 개념은 10계명에도 정확하게 묘사되어있다(출 20:5). 그러나 하나님의 원래의 뜻은 조부모와 부모를 통하여 자녀들에게 인생의 온갖 좋은 것들이 대물림되는 것임을 알 때에, 부정적인 영향력이 전수된다는 것은 참으로 불행한 일이 아닐 수 없다 (출 20:6). 그럼에도 불구하고, 비가 내린 후에 하수구로 흘러 들어가는 물들은 더러운 물과 깨끗한 물이 함께 섞여서 내려가듯이, 인간의 온갖 죄악과 선함이 섞여져서 가문을 타고 내려가도록 되어있는 것이 현실이다.

그럼으로 우리들은 조상과 부모들로부터 물려받은 온갖 좋은 것들에 대해서 하나님께 감사를 드려야하겠다. 동시에 그들이 가져다 준 죄와 저주의 열매들에 관해서는 용서하기 시작해야만 한다. 그러면, 우리를 과거에 묶어놓았던 사슬은 끊어지고, 우리들은 얽매임에서 해방 받게 된다. 그 결과는 하나님이 창조하신 목적대로 움직이는 자유와 능력의 회복이다.

우리들 자신을 해방시키기

걸리버 여행기라는 소설에서 작가인 요한 스위프트는 걸리버가 작은 난쟁이들의 마을인 릴리푸트에 도착한 장면을 묘사한다. 난쟁이들은 "거인"이 드러누워 자고 있는 모습을 보고 거인이 잠에서 깨어났을 때, 자신들을 보호할 궁리를 해낸다.

결국 난쟁이들은 걸리버를 가는 면실로 묶는다. 난쟁이들에게는 가느다란 면실도 밧줄 같이 느껴졌기 때문이다. 걸리버의 경우에 가는 면실 같은 것은 아주 손쉽게 끊어버릴 수가 있다. 그렇지만 수천수만 가닥의 실로 붙들어 매어졌기에 걸리버는 꼼짝도 할 수 없었다.

우리들을 묶어 매는 과거의 문제들은 바로 그와 같은 것이다. 하나하나의 문제를 살펴보면, 별로 대수롭지 않은 것들이다. 그러나 수많은 문제들이 얽히고설키면 꼼짝도 하지 못하게 만든다.

〈지구상에서 가장 강력한 기도〉를 드리는 법은 아주 간단하다. "아버지, 저 사람들을 용서하여 주십시오. 저 사람들은 자신들이 무슨 일을 하는 지 알지 못합니다."라고 하면 되는 것이다. 혹자는 부모나 조상들을 향하여 이러한 기도를 드리는 것은 아주 쉬운 일이다. 우리의 조상들은 자신의 죄나 잘못이 그렇게 멀리 떨어진 자손들에게까지 영향을 미치리라고는 생각을 하지 못했을 것이다. 그러한 모든 것을 이해할 때에, 우리는 가볍게 용서해 버릴 수도 있다.

그러나 어떤 사람들 중에는 그러한 기도를 드린다는 것이 죽기보다 더 어려운 경우도 있다. 왜냐하면, 조상이나 부모로부터 물려온 죄와 잘못이 너무나 큰 고통을 안겨주었기 때문이다. 부모에 대한 분노와 쓸쓸함이 이미 마음 속 중심까지 뿌리를 내렸고, 일생을 망가뜨린 그 인간들을 용서한다는 것은 전혀 생각조차 하기 싫은 일이 된 사람들이다.

관절염이 급속히 발전해간 한 여인의 예를 들고자 한다. 그녀는 이제 더 이상 춤도 출 수 없고 인생을 즐길 수도 없게 되었다. 그녀의 어머니도 돌아가시기 전에 악성 관절염으로 고생하셨다. 그러나 부모와 조상이 남겨준 온갖 상처와 부정적인 것들을 용서하기 시작하였을 때, 하나님은 그녀에게 새로운 인생의 길을 열어주셨다.

**그 여인이 부모의 잘못을 용서하자마자,
그 고통과 관절의 신경통은
갑자기 사라져버렸고,
그녀는 춤을 추기 시작했다.**

관절염의 붓기가 점차로 빠지더니, 완전히 치유되어서, 다시 춤을 출 수 있게 되었다. "아버지, 저 사람들을 용서하여 주십시오."라는 말 한마디를 하는 것은 작은 발걸음을 옮기는 것과도 같다. 그러나 마음 중심에서 우러나오는 정성으로 그 기도를 드릴 때에, 하나님은 우리를 치유의 큰 걸음으로 뛰어오르게 하여주신다.

잠시 시간을 내어서 하나님이 당신의 부모를 통해서 내려주신 온갖 좋은 것들에 대해서 감사하는 시간을 가져보지 않겠는가? 그 다음에는 부모와 조상이 물려준 온갖 저주와 죄악을 용서하는 시간을 가져보기 바란다. 그들의 말이나 행동을 통해 당신에게 흘러 들어온 모든 부정적인 것들이 풀려져 나가는 것을 체험하게 될 것이다.

그러나 당신의 모든 격렬한 감정을 전부다 정리해 버리려면 오랜 시간이 걸릴지도 모르겠다. 그러나 새로운 문제를 발견하고, 그것을 용서하는 기도를 드릴 때마다, 당신을 묶고 있던 작은 실 가닥들이 하나하나 끊어져나감을 기억하라. 그러면 과거의 사슬에서 조금씩 해방되어지는 자신을 경험하게 될 것이다.

당신이 〈지구상에서 가장 강력한 기도〉를 드리는 순간마다, 하나님은 당신의 삶에 새로운 능력을 불어 넣으셔서, 당신으로 하여금 하나님이 계획하신 나름대로의 운명을 개척할 수 있는 기회를 허락하신다.

Dealing with Thieves and Robbers
도둑과 강도들 다루기

예수는 누명을 쓰고 십자가에 못 박혀
죽었을지도 모른다. 그러나 하나님은
3일 후에 예수를 무죄로 선포하셨다.

우리의 인생의 일부를 도적질해 간 사람들로부터의 자유함을 누리기

도둑과 강도들이 자기들의 것이 아닌 것을 가져갈 때에 상실이라는 것이 발생한다. 현금, 카메라, 컴퓨터 등을 도난 맞으면 그만큼 재산상의 손실이 온다.

가정이나 개인에게 중요한 추억거리가 담겨진 물건을 잃어버리는 경우는 재산상의 손실뿐만 아니라, 정신적인 피해까지 입게 된다. 그러한 물건들로는 가보, 의미심장한 사진, 소중하게 간직하던 보석, 즐기던 자동차, 그리고 사랑하는 사람에게서 받은 선물들이다.

그러한 종류의 상실은 엄청난 고통을 유발시킨다. 이러한 경우에 〈지구상에서 가장 강력한 기도〉를 통해서 가해자를 용서하지 못하면, 그 마음은 항상 분노, 씁쓸함, 그리고 비슷한 일이 다시 일어나지 않을까 하는 두려움과 불안에서 벗어날 수 없다.

무엇이든지 도난을 당한 경우는, 눈에 보이지 않는 밧줄이 도둑으로부터 나와서 우리를 얽어매게 되어있다. 그리고 그 밧줄에 묶임은, 우리의 용서하지 않는 틈을 타서, 더 강력하게 우리를 얽어맨다. 용서하지 않음은 영적인 본드 같아서, 사람을 꼼짝 못하게 굳혀 버리는 성질이 있다.

만약에 밧줄이 한 가닥이라면, 별로 큰 힘을 들이지 않고 끊어버릴 수 있을 것이다. 그러나 겹겹이 묶여진 밧줄을 끊어낸다는 것은 쉬운 일이 아니다. 그렇게 묶이면, 많은 일에 제약을 받게 되어있다. 매사에 영향을 미치고 심지어는 삶 전체를 조종하기까지 한다. 용서하지 않는 마음으로 가해자를 생각할 때마다, 분노는 더 끓어오르고, 씁쓸함은 더 깊어만 간다. 용서하지 않음은 밧줄을 더 두껍게 만들고 접착제를 더 강력하게 만들기 때문이다. 그러면, 인생에 대한 불만과 불안이 가중되면서 많은 자유를 상실하게 된다!

이러한 원한 맺힌 감정들은 대를 이어서 전달되게 되어있다. 가계를 타고 전달이 되면서, 증오와 원한 맺힌 용서하지 못하는 감정들은 점차로 쌓여만 가게 되어있다. 예를 들자면, 몇 십 년 전에 발생했던 전쟁의 피해자들이나 범죄의 피해자들이 아직도 치를 떨고 있는 경우가 허다하다!

인간은 자신이 가진 소유물로부터 안정감을 가지게 되어있다. 소유물에 더 많이 의존하면 할수록, 그것을 잃어버리는 경우에는, 불안해서 견딜 수 없게 된다. 그러면 우리의 그 소중한 물건을 훔쳐간 인간들을 용서하기가 어려워진다. 그렇지만 현실에서는 소유물보다 더 중요한 것들이 많다는 진실을 보아야한다. 특히, 하나님에게 더 많은 신뢰를 두고 재물에 덜 신뢰를 두면, 진정한 마음의 안정을 되찾을 수 있다는 진리를 깨달아야 한다. 궁극적인 안정감은 하나님께 있는 것이지 재물에 있는 것이 아니기 때문이다.

나는 도둑을 맞았다!

물건들을 잃어버렸을 때에 도둑을 용서한다는 것은 참으

로 어려운 일이다. 그렇지만 이 세상에는 물건을 잃어버리는 것 말고 다른 종류의 잃어버림도 있다. 물건의 경우라면 다른 것으로 대치되기도 하고, 동일한 것으로 채워지기도 한다. 그러나 다른 경우는 대치되지 못하기에, 오직 치유가 되어야만 하는 경우도 있다.

예를 들자면, 평판, 자존심, 시간, 건강, 자녀, 가정, 성행위(sexuality)에 손상 내지는 훼손을 당한 경우를 말한다. 이 책에서는 위에 열거한 것들 중에 4가지만을 특별히 다루어 보고자 한다. 즉 인간의 삶에서 참으로 중요한 4가지인 평판, 성행위, 시간, 그리고 건강에 관한 것들이다.

그러한 것들을 도난당하는 경우는 물건을 도난당하는 것과 비교가 되지 않을 정도로 그 피해가 막심하다. 그렇지만 그 치유책은 물건을 도난당하는 경우와 동일하다. 즉, 〈지구상에서 가장 강력한 기도〉를 사용하는 방법이다!

평판

다른 사람에게 행해진 험담은 입에서 입을 통해 소위 남에 대한 뒷말(가십)이 되어서 돌아다니게 되어있다. 그러한 악한 소문들은 퍼지면서 연결된 사람들 자신의 의견이 덧붙여지게 되어있다. 그러면 평판은 떨어지게 되어있고, 명예가 훼손되는 길로 나아간다.

그러한 악평을 신문지상이나 인터넷에 올리는 경우는 그 영향력이 더 커진다. 광범위하게 퍼져나갈 뿐만 아니라, 그 결과는 거의 영구적이라고 할 수 있을 만큼 강력하다.

몇 해 전에 어떤 무리들이 저자인 나의 사역과 우리 단체에 대하여 진실이 아닌 말들을 지면에 올린 적이 있다. 그런데 지금까지도 우리와 별로 상관이 없는 사람들을 만나도 우리에 대한 그들의 첫 인상이 좋지 않은 것을 나는 느끼곤 한다. 그들의 뇌리에 박힌 그 부정적인 인상 때문일 것이다.

대부분의 나라들은 법으로 그러한 중상, 비방, 모욕에 의한 명예훼손을 금지하고 있다. 거짓 소문을 퍼트림으로 다른 사람의 인격을 모독하고 명예를 훼손하는 것은 하나님의 법을 어기는 행위라고 성경도 말씀한다(출애굽기 20:16, 잠언 19:5, 마태복음 15:19-20).

그렇지만 다른 사람이 나에게 잘못을 저질렀다는 사실과

내가 당하면서 마음속에 원한을 품는 것은 반드시 연결이 되어야만 하는 것은 아니다. 나의 마음속에 원한이 쌓이면 쌓일수록, 진실은 감추어지고, 중상 모략하는 사람들의 마음은 더욱더 굳어져만 간다. 그러므로 그러한 중상모략에 말려든 사람들을 만날 때마다, 우리는 〈지구상에서 가장 강력한 기도〉를 사용하여 저주를 끊어버려야 한다! 그러면 궁극적인 진실이 밝혀질 것이다. 왜냐하면 하나님은 인간의 평판(명예)을 회복시켜 주시는 분이시기 때문이다.

예수님도 그와 같은 고통을 당하셨다. 그러므로 억울하게 당할 때에도 놀랄 필요는 없다. 그렇게 선한 일을 많이 하시고, 그렇게 많은 사람을 치유해 주었으며, 그렇게 놀라운 진리를 가르치신 분이, 어떻게 거짓 증거에 시달리고 고소하고 부르짖는 무리들의 조롱거리가 되어 처참하게 피를 흘리게 되었는가?

사람들이 예수님의 명예를 앗아가 버렸다. 예수님은 모진 짓을 당할 대로 당하신 것이다. 그러나 그러한 악랄함의 소용돌이 속에서, 예수님은 딱 한마디의 말씀을 하셨다. "아버지, 저 사람들을 용서하여 주십시오." 예수님을 헐뜯는 사람들을 진정으로 용서하는 마음이 없었다면, 예수님은 그러한 기도를 하나님 앞에서 드릴 수 없었을 것이다.

로마의 지배자인 빌라도가, 예수님에게 변호할 기회를 주었지만, 예수님은 한번 간접적으로 대답을 했을 뿐이고, 다른 경우는 아예 아무 말씀도 하지 않으셨다 (요한복음 18:33-37, 19:8-11).

예수님은 고소하는 자들의 거짓 증거에 의해서 처형을 당했지만, 하나님은 3일 뒤에 예수님의 무죄를 증명해 보여주셨다! 부활의 아침에 예수님에 대한 모든 거짓말들은 진실이 아니었음이 여실히 드러난 것이다!

예수는 누명을 쓰고 십자가에 못 박혀 죽었을 지도 모른다. 그러나 하나님은 3일 후에 예수를 무죄로 선포하셨다.

그러므로 명예를 훼손시키려고 달려드는 무리들을 처리하는 유일한 방법은 그들을 용서하는 것이다. 겸손함과 진실함으로, 오직 올바른 일만 하면서 하나님을 믿고 그분이 베푸시는 결과를 기다리는 길 뿐이다.

당신에 대해서 거짓을 말하고 심지어 글까지 쓰는 사람들을 용서함으로써, 용서하지 못함으로 오는 저주와 쓴 뿌리가 당신의 마음속에 달라붙을 기회를 허락하지 않는 것이다.

제 3자가 한 말을 통해서 심지어는 친한 친구들마저도 당신을 이상한 사람으로 보게 하는 경우도 있다. 그것은 참으로 가슴 아픈 일이다. 그러나 용서해버리지 않는다면, 당신의 마음은 훨씬 더 깊은 고통의 늪을 헤치고 다녀야 할 것이다. 그러면 건강도 망가지고, 하나님이 원하시는 인간으로의 제구실도 못하게 될 가능성마저 생긴다.

성행위

학대는 여러 형태로 나타난다 – 육체적인 학대, 심리적인 학대, 정신적인 학대 – 그러나 오늘날 현대사회에 만연한 학대의 형태 중에 하나는 성적인 학대이다.

성적인 학대는 남자나 여자가 오직 자신의 성욕만을 만족시키기 위해서 다른 사람을 이용할 때 발생한다. 이러한 종류의 학대는 남의 은밀한 부분을 몰래보는 경미한 것으로부터 시작해서, 원하지 않는 성적인 접촉, 강압에 의한 성교, 강간, 종교를 빙자한 간음 등 여러 극심한 형태로 나타나고 있다. 일단 성교를 끝내고 나면, 가해자는 피해자의 아픔과 고통에 아랑곳하지 않고, 또 다른 피해자를 찾아서 떠나버린다.

남자, 여자, 아이 할 것 없이 많은 사람들이 성적인 학대를 당하고 있다. 이제는 그러한 성적인 학대가 이성과 동성 모두를 망라하는 세대에 살고 있다. 자신의 의지에 반대해서 성적인 어떠한 접촉이라도 하는 곳에서는 성적인 학대가 발생한다.

성욕 그 자체는 하나님이 주신 위대한 선물이다. 아주 친밀한 부부사이에서는 안전하게 그리고 온전히 즐길 수 있는 그러한 것이다. 그러나 부부관계가 아닌 경우에, 남의 성적인 부분을 마음대로 건드리는 것은 도둑질을 하는 것과 마찬가지 행위이다. 예를 들어서, 여인이 강간을 당하거나 성적인 학대를 당한 경우, 자신이 자발적으로 자신의 몸을 사랑하는 남편에게 줄 수 있는 자유가 상실된다. 즉 성생활의 기쁨을 빼앗기게 되는 것이다. 학대는 그러므로 폭력적으로 갈취 내지는 탈취하는 행위이다.

> **어떤 사람이 아무 죄도 없이
> 무고한 당신을 감옥에 가두고
> 30년 동안 거기에 머물게 했다면
> 당신은 그 사람에게 어떻게 반응할 것인가?**

 결혼을 통한 정상적인 부부관계는 서로 자신을 자발적으로 줌으로써 이루어진다. 바로 그것이 하나님이 두 사람을 부부로 짝지어 주신 신비이다. 부부의 거룩하고 경건한 관계는 바로 하나님이 주신 그러한 묶임을 통해 이루어진다. 그러나 남자나 여자가 강압적으로 빼앗기게 되는 경우는, 둘 사이를 묶는 사랑의 줄은 끊어져 버리고 만다.

 오직 하나님만이 추잡한 혼과의 묶임을 끊어내실 수 있다. 그러면 뒤죽박죽이 된 인생이 풀려 나온다. 나는 전 세계의 구석구석에서, 그러한 학대의 고통을 빛 가운데로 가져 나오고, 〈지구상에서 가장 강력한 기도〉를 드리며 학대자를 용서할 때에, 놀라운 치유가 발생하는 것을 목격하고 있다.

용서는 기적을 불러오는 열쇠이다. 학대하고 학대받는 인간관계의 묶임을 끊어내는 하나님의 능력이 제대로 작용하려면, 인간의 용서하는 행위가 절대로 필요하다. 그러면 치유와 회복의 역사가 일어난다. 물론 지나간 과거를 돌이킬 수는 없다. 그러나 상한 마음을 하나님께서 만져주시고 치유해 주시면, 미래가 달라진다.

시간

각자는 한번뿐인 인생을 살아가고 있다. 그러므로 매 순간은 하나님이 주신 참으로 값진 선물이다. 매 초가 소중함으로, 누가 우리의 시간을 빼앗아 가면 우리는 화가 난다. 그런데 만약에 어떤 사람이 아무 죄도 없이 무고한 당신을 감옥에 가두고 30년 동안 거기에 머물게 했다면 당신은 그 사람에게 어떻게 반응할 것인가?

남아프리카 공화국에서 넬슨 만델라는 지배층에 속한 백

인들에 의해서 거의 30년 가까운 세월을 감옥에서 지내야했다. 넬슨 만델라의 범죄는? 흑인들의 인간으로서의 존엄성과 권리를 침해하며, 잔혹하게 학대하는 인종차별 정책에 저항한 것이었다.

넬슨 만델라는 그의 인생의 많은 부분을 도둑맞았다. 그러나 단지 정치적인 이유로 그렇게 많은 시간을 도둑맞은 사람치고는 만델라는 용서하는 마음을 보여준 사람이다. 결국 그는 석방이 되었고, 무죄를 선언 받았으며, 남아프리카 공화국에서 민주적인 선거로 뽑힌 첫 번째 대통령이 되었다. 노년에 그는 세계적인 정치 무대에서 일하게 되었고, 감옥에 있을 때는 꿈도 꿔보지 못한 지위로 부상하였다. 어떻게 그러한 일이 가능했을까? 그는 개인적인 결박을 푸는 용서의 열쇠를 사용하였기 때문이다. 〈지구상에서 가장 강력한 기도〉라는 마스터키는 결국 만델라를 살려내었다.

증오의 사슬은 끊겼으며, 로벤이라는 섬에서의 유배생활은 끝이 났다. 그는 로벤이라는 섬에서 자유롭게 걸어 나왔을 뿐만 아니라, 일생을 쓸쓸함 가운데 지낼 고립의 감옥으로부터도 걸어 나온 것이다.

건강

인생이 주는 모든 좋은 것을 만끽하려면 건강과 기력이 따라야한다. 그러나 특별히 잘못하지도 않았음에도 불구하고, 불의의 사고로 몸이 망가진 경우는 어떻게 하겠는가? 불공평한 상실로부터 발생되는 고통이란 누구라도 공감하는 사실이다.

나는 이 책의 제 1장에서 린다라는 여인의 이야기를 잠시 비친 적이 있다. 23살의 나이에 교회의 친구들과 함께 밤에 자전거를 타고 하이킹을 하다가 절벽에서 좁은 골짜기로 떨어졌다. 그녀는 거기서 10시간이나 누워있어야 했다. 헬리콥터로 들어 올려졌을 때는 이미 등 쪽에 뼈가 4군데나 부러져있었다. 그 사고 후에 3년이 지났을 무렵, 그녀는 국가에서 보조를 받는 장애인이 되었고, 끊임없는 고통과 만성피로에 시달리게 되었다. 이제 그녀의 모든 꿈들은 산산조각 부서져버린 것이다. 직업, 결혼, 인생의 즐거움 등 모든 것이, 절벽에서 떨어짐과 동시에 바람과 함께 사라져버렸다.

린다는 절벽에서 떨어지지 말았어야만 했다. 자전거 팀의 팀장이 앞서가다가 갑자기 옆길로 새버림으로, 나머지 뒤따르던 무리들은 모두 절벽을 향하여 돌진하게 되었다. 리더는 뒤따르던 무리에게 절벽이 있음을 경고해 주지도 않았다. 린다는 그저 앞사람만 따라가다가, 절벽 끝에서 낭떠러지 밑으로 추락한 것이다. 저자인 내가 린다를 위해 기도할 때에 하나님은 여러 모양으로 치유를 해 주시려고 하였다. 그러나 린다가 기적을 가져오는 그 열쇠를 사용하지 않았다면, 많은 기적은 일어나지 않았을 것이다. 그러나 린다는 마스터키를 넣고 자물쇠를 열었다. 비난하고 원망했어야 하는 사람들을 용서하기 시작한 것이다. 그런데 린다의 용서하는 마음을 통해, 하나님의 능력이 흘러 들어오기 시작했다.

린다는 결국 치유함을 받았다. 이제는 더 이상 장애인도 아니며, 현재는 결혼하여 행복한 가정을 이루어 살고 있다! 그것은 그녀가 〈지구상에서 가장 강력한 기도〉를 드리기로 결단을 내린 결과이다. 만약에 린다가 용서하지 못하는 마음으로 맺힌 한과 쓴 뿌리를 그대로 간직한 채 살았다면, 치유는 없었을 것이고, 아직도 장애인으로 살면서 미래에 대한 소망과 꿈을 포기한 채 있었을 것이다.

짐이라는 남자아이는 5살 때에 건초더미를 실은 트럭 위에서 놀고 있었다. 밑에 있던 아버지는 짐에게 "아빠한테 뛰어 내려라!"라고 외쳤다. 그러나 정작 아들이 뛰어 내릴 때, 아빠는 자기 자신이 다칠까봐 겁이 나서 옆으로 비껴버렸다. 그래서 짐은 콘크리트 바닥으로 떨어졌고 가슴의 갈비뼈들이 부서져나갔다. 46년이 지난 후에도 짐은 천식으로 고생했다. 어렸을 적에 당한 사고의 후유증으로 짐은 숨 한번 제대로 쉬어보지 못하고 살고 있었다.

그러나 짐이 하나님 앞에서 아버지를 용서하기 시작했을 때, 하늘의 축복의 문이 열리고 하나님의 치유가 홍수같이 몰려들어왔다. 〈지구상에서 가장 강력한 기도〉를 드린 그날 이후로부터 10년 동안, 짐은 천식으로부터 해방된 삶을 살고 있으며, 편안하게 숨을 쉬고 살고 있다.

불의의 사고나 나쁜 일들은 지구상 어디에선가 매일 같이 발생하고 있다. 바로 그 피해자가 어쩌다가 당신이 될 수도 있다. 그런 경우라면 당신의 건강과 기력을 앗아간 그 사건의 책임자를 당신은 용서할 수 있겠는가?

그 사건으로 인해 받은 피해라는 것은 이루 말로 다할 수 없는 것일 수도 있다. 그러나 사람을 용서하지 않는 것은 문제를 더 악화시킬 뿐이다! 용서하기로 선택하라! 아무 조건 없이 용서하기 시작하면, 당신을 묶어 맨 고통의 밧줄은 풀어져 나가기 시작할 것이다.

이제는 실제 행동으로 옮길 때이다!

다른 사람들이 당신의 것을 빼앗아 가는 방법은 가지가지일 것이다. 나중에 저자인 나는 그러한 빼앗김으로부터 회복하는 길을 상세히 설명할 것이다. 그러나 지금 당장에 그 도둑들과 강도들을 다루기 시작하고 싶다면, 나는 당신이 조용히 묵상하는 시간을 갖기를 바란다. 하나님께 물어보아라. 당신이 지금까지 살아오면서 억울하게 당하거나 피해를 본 모든 사건들이 생각나도록…. 그리고 각각의 사건에 대해서, 아직도 당신이 용서하지 못하고 있는 어떤 사람이 있는 지 한번 진지하게 생각해보아라. 만약에 누구라도 있다면, 그들의 이름을 종이 위에 적어보아라. 그리고 당신 자신에게 이렇게 말하라. "이 모든 일들은 이미 지나간 일들이고, 내가 이들을 용서하지 않는다면, 고통과 상처를 받을 유일한 사람은 바로 나 자신일 뿐이다!"

그리고 나서, 목록에 있는 이름을 한사람씩 부르면서, 큰 소리로 예수님의 이름으로, 그들을 용서해 보아라. 만약에 그것만으로는 충분하지 않다는 생각이 들면, 전화기를 들어서 전화를 걸든지, 용서한다는 편지를 적어서 띄워 보내도 좋을 것이다. 물론 어떤 사람들은 반드시 피해야 할 사람도 있다. 예를 들자면, 성적인 학대를 가한 사람의 경우는, 전화나 편지를 받으면, 또 다른 학대를 가하기 위하여 접근해 올 수도 있기 때문이다.

그러므로 당신의 판단에, 그들과 당신사이에 끼어있는 찌꺼기들을 걸러 없애 버릴 수 있는 합당한 것만 골라서 하라. 그러면, 하나님께서 사슬을 끊어주시고, 그 사람들과 밀착되어있는 저주의 관계를 떼어 내버리실 것이다. 그러면, 당신은 자유롭게 될 것이다!

하나님 앞에서 당신의 용서를 정확하게 표명한 후에, 그 종이를 싹둑싹둑 잘라서 불에 태워버려라. 그렇게 하면서 〈지구상에서 가장 강력한 기도〉를 마음속으로 계속 드려보아라. 만사형통의 축복이 당신과 함께 할 것이다!

Me, Too?

나도 안가요?

자기 자신을 용서함

 과거의 실수에 대해서 말하자면, 이 세상에 잘못을 범하지 않은 사람은 하나도 없을 것이다. 그러나 많은 사람들이 "자신의 과거의 잘못을 용서하지 못하고 있다." 심지어는 다른 사람의 극심한 죄는 용서해 주면서, 자신의 작은 실수는 죽어도 용서해 주지 못하는 경우도 있다.
 그러나 자신을 용서하지 않으면 완전한 치유를 경험하지 못할 것이다! 태양아래 존재하는 모든 인간을 전부다 용서한다는 사람도, 자기 자신의 실수는 너무나도 크기에 절대로 용서할 수 없다고 생각하는 경우도 있다.

물론 심각한 실수를 저지르는 경우도 있다. 그 실수에 대한 결과가 너무나도 엄청나기에, 엄청난 재난을 가져온 자신 스스로를 도저히 용서받지 못할 인간으로 취급하게 되는 경우도 있는 것이다. 예를 들자면, 한 번의 실수로 다른 사람이 평생 불구자가 되거나, 아니면 어린아이의 죽음을 초래한 경우를 들 수 있겠다. 파산해버리는 경우, 절대로 인간관계를 갖지 말았어야 하는 사람들과 함께 한 경우 등은 일생을 두고 후회할 일을 한 경우들이다.

모든 것은 당신 자신에게 달려있다!

이미 지나간 과거는 다시 돌이킬 수 없다는 것이 진리이다. 그러나 우리의 미래는 우리가 그 과거를 어떻게 다루느냐에 달려 있다는 것도 진리이다. 과거의 치명적인 실수로부터 인생의 교훈을 뼈저리게 배우는 경우도 있다. 그러한 배움을 통해서 미래의 축복의 문이 열리는 경우가 허다하다.

예수님은 우리로 용서함을 받게 하기 위해서 십자가에서 돌아가셨다. 그러므로 당신이 계속 죄책감을 마음속에 간직

해둔 채, 스스로를 용서해 주길 거부한다면, 예수님이 당신을 위해 베푸신 것들이 충분치 않다는 것을 주장해 보이려고 억지를 부리는 꼴이 된다.

아빠로부터 사탕을 받기 갈망하는 어린아이가 두 손을 꽉 움켜쥐고 있으면, 아무 것도 받을 수가 없다. 손을 펼쳐야만 원하는 것을 받을 수 있지 않겠는가!

마찬가지로, 종종 하나님으로부터의 치유를 갈망하는 사람들이 얼어붙은 자신의 마음을 녹이지 않고, 스스로를 용서해 주지 않음으로, 하나님의 축복을 받지 못하는 경우를 나는 많이 목격한다. 그들의 마음과 손은 꽉 닫혀있다. 그러므로 과거로부터 해방되고 하나님으로부터 축복을 받으려면, 자신을 용서함으로 손을 벌려야한다.

얼마나 놀라운 사랑인가!

이따금, 우리는 자신을 용서해 주지 않음으로, 스스로를 벌주려고 한다. "나 같은 인간은 용서받을 만한 가치도 없는 놈이다."라는 생각을 하면서, 스스로를 정죄하려는 것이다.

삶의 기쁨과 생기를 잃어버리면서 스스로에게 합당한 처사를 행한다고 생각한다. 그러나 그것은 하나님의 생각과는 다른 생각이다.

예수님의 제자인 베드로가 바로 그러한 길을 갔던 사람이다. 자신에게 닥칠 불이익을 생각하면서, 그는 세 번이나 자신은 예수님과 상관이 없는 사람이라고 부인했었다 (요한복음 18장). 사실 마음속으로는 예수님을 무척 사랑했지만, 어려운 상황 속에서 거짓말을 함으로 예수님을 배신하는 행위를 한 것이다.

베드로는 자신이 한 행동에 대해서 극심한 후회를 하였다. 그래서 그는 우리 모두가 하는 것과 동일한 행동을 취했다. 즉 가장 안전한 장소로 대피하여 자기연민의 시간을 가지며 숨어버린 것이다. 베드로에게 있어서 그러한 장소는 고기잡이 하는 갈릴리 바닷가였다(요한복음 21장).

예수님은 베드로의 마음속에서 무슨 일이 일어나고 있는지 다 아셨다. 그래서 부활하신 후에, 예수님은 베드로를 찾아가셔서, 세 번이나 간단하지만 심오한 질문을 던지셨다. "네가 나를 사랑하느냐?" (요한복음 21:15-17). 세 번의 동일한 질문을 예수님이 던지신 이유는, 베드로가 세 번씩이나 예수님을 모른다고 부인한 상처를 치유해 주시기 위함이었다. 베드로는 세 번 진정으로 예수님을 사랑한다는 고백을 할 수 있는 기회를 부여받은 것이다.

베드로의 일생에 이보다 더 깊은 영혼의 치유를 받은 순간은 없었을 것이다. 만약에 예수님이 베드로를 다시 찾아주지 않으셨다면, 아마도 베드로는 일생 죽을 때까지 갈릴리 바닷가에서 고기 잡는 어부로 살면서, 후회와 좌절의 늪에서 헤어 나오지 못했었을 수도 있다.

> **우리를 향하신 하나님의 사랑을 받아들이고, 그에 대한 우리의 사랑을 하나님께 돌려드리면, 하나님은 우리들을 안팎으로 치유하기 시작하신다.**

베드로와 마찬가지로, 우리 모두는 실수를 범한다. 그 상황에서 예수님이 물으시는 질문은 "네가 무슨 일을 하였느냐?"가 아니다. 예수님은 "네가 나를 사랑하느냐?"라고 물으신다. 우리가 예수님의 사랑을 받아들이고, 우리의 예수님께 대한 사랑으로 화답하는 순간, 하나님의 치유하시는 능력은 우리의 마음 중심으로 흘러 들어오게 되어있다. 하나님은 인간의 내부를 먼저 치유하시고, 그것이 점차로 외부로 퍼지도록 하신다. 하나님의 사랑에는 고통을 녹여버리는 능력이 있기 때문이다.

꽁꽁 묶여있는 마음!

당신은 다른 사람을 용서함으로, 그 사람으로부터 받은 상처를 통해서 인생이 마구잡이로 조종당하던 것으로부터 자유로워진 경험을 해 보았을 것이다. 그러나 당신이 하나님으로부터 오는 사랑을 거부한다면, 당신은 아직도 속박되어 갇혀있다. 다른 사람이 당신을 얽어매었던 것에서는 해방이 되었으나, 이제는 자신 스스로가 만들어낸 비판-비난-정죄로 인하여 꽁꽁 묶여버리는 신세가 되는 것이다!

비행장에 가보면, 가방이 혹시라도 열리거나 뜯어질까 봐

염려하는 사람들을 위한 특별 서비스를 하는 것을 볼 수 있다. 돈을 더 내면, 가방을 얇은 폴리에틸렌 비닐로 겹겹이 싸준다. 일단 비닐로 꽁꽁 묶으면, 가방에서 물건이 새어나오지 못한다.

나는 런던 공항에서 이렇게 플라스틱으로 꽁꽁 묶여진 가방들을 바라보면서, 문득 꽉 닫히고 얼어 붙어버린 사람들의 마음의 상태가 연상되었다. 하나님의 사랑을 받아들이기 거부하고 스스로를 용서하기도 거부하는 사람들의 마음 말이다. 영적인 플라스틱에 묶여있는 사람의 마음으로는 무엇이든 들락날락 할 수가 없다!

자신 스스로를 용서하지 않는 사람에게는 과거의 치유나 미래의 개선이 발생하지 않는다. 그러므로 하나님이 이 세상에 내보내실 때 주신 모든 가능성을 충분히 발휘하지 못하게 된다.

그러므로 모든 사람은 실수와 죄의 문제를 반드시 처리해 내야만 한다. 우리들의 고백과 회개를 통해서 하나님과 또한 인간들과의 관계가 개선되어야만 한다. 그러면 회복이 이루어진다. 일단 그러한 고백을 한 후에는, 과거의 실수의 진흙탕 속으로 들어가지 말아야 할 것이다.

코뿔소들은 일생동안 진흙탕 속을 뒹군다. 코뿔소들은 그러한 일을 즐긴다. 왜냐하면 천성이 그렇게 하도록 태어났기 때문이다. 어떤 인간들은 일생동안 문제의 진흙탕 속을 뒹구는 인간들도 있다! 그러나 하나님은 인간을 코뿔소와 같이 살도록 만들지 않으셨다. 진흙탕 속을 헤매는 것은 인간의 본성이 아니다. 진흙탕을 떠나라! 그리고 살아 계신 하나님이 주시는 신선한 자유로움으로 세상을 깨끗하고 아름답게 살아가라.

다른 사람만 용서할 것이 아니라, 예수님의 이름으로 나 자신을 용서하는 기도도 드려야한다. 예수님이 드리신 〈지구상에서 가장 강력한 기도〉는 나 자신에게도 적용이 되기 때문이다.

How Often, Lord?

얼마나 자주 해야 하나요, 주님?

진정한 용서에는 용서받을 사람이
용서받을 만한 자격이
있을 리 없다. 그럴 수 있는 상관이 없다.
왜냐하면 용서란 오직 사랑의 행위(와)
정의에 관련된 것이 아니기 때문이다.

베드로가 배운 가장 소중한 교훈

 베드로는 문제에 봉착했다. 예수님께서 용서에 대해서 가르친 것은 알아들었지만, 다른 모든 사람들과 마찬가지로, 상식적인 수준을 뛰어넘지 못하고 있었던 것이다. 아마도 베드로에게는 개인적으로 용서하기가 어려운 사람이 있었는지도 모른다. 하여간, 베드로는 용서하지 않을 이유를 찾아보고자 하였고, 어떻게 해서든지 변명거리를 만들어 내고 싶어 했다!

 용서하는 것도 한두 번이고 참는 것도 한도가 있는 것이 아니냐는 이론이었다. "하나님이 인간에게 영원히 참고 무한정으로 용서하라고 하시는 것은 설마 아니시겠지"라는 말이다. 사람들이 똑같은 악한 짓을 반복해서 거듭 나에게 악행을 저지를 때에 어떻게 참고만 있겠는가?

그래서 스스로 관대한 마음을 가진 사람인양 보이기를 원했던 베드로는 한 가지 제안을 가지고 예수님을 찾아왔다. 베드로의 생각에서는 '적어도 이 정도면, 참을 대로 참은 것이 아니냐'라고 인정을 받을 만한 제안이었다. "주님, 한 신도가 내게 죄를 지을 경우에, 내가 몇 번이나 용서해 주어야 합니까? 일곱 번까지 해야 합니까?" (마태복음 18:21)

무한대

베드로의 제안에 대답해 주실 때에 예수님의 얼굴에 나타났을 법한 환한 미소를 나는 상상을 해본다. 그러나 예수님이 그 문제에 대한 정확한 대답을 제시했을 때, 예수님의 제자들이나 베드로는 아직 그러한 대답을 받을 만한 준비가 되어있지 않았을 것이라고 나는 생각한다. "일곱 번까지가 아니라, 일곱 번을 일흔 번까지라도 해야 한다." (마태복음 18:22)

당신이 숫자 계산에 빠른 사람이라면, 490번은 베드로가 제안한 7번보다는 훨씬 더 큰 숫자라는 것쯤을 빨리 감지할 것이다. 물론 그렇다고 해서 나에게 잘못하는 사람의 실수의 숫자를 계속 기록하다가, 490번이 넘어가는 경우에는, 자기 마음대로 용서하지 않아도 된다는 말은 아니다.

유대인에게 있어서 '7번씩 70번'이라는 말은 그 숫자가 너무 많아서 감히 셀 수도 없는 그러한 숫자를 의미한다. 그렇기 때문에 몇 번이라는 한계설정을 요청한 베드로의 요구에 예수님은 한계의 설정이라는 방법으로 대답치 않으신 것이다!

만약에 우리가 다른 사람의 잘못을 용서해 주는데 한계를 설정한다면, 하나님도 우리의 잘못을 용서해 주시는데 한계를 설정하실 것이라는 점이 중요하다. 하나님께서 우리가 잘못하는 경우의 숫자를 세고 계시다가, 어느 지점 이상이 넘어가면 그 다음부터는 절대로 용서해 주시지 않는다는 것은 생각만 해도 끔찍한 일이다!

예수님께서 주기도문을 통해서 가르쳐 주신 것을 곰곰이 생각해보아라. "우리가 우리에게 죄 지은 자를 사하여 준 것

같이 우리 죄를 사하여 주옵시고" (마태복음 6:12). 얼마나 충격적인 진리인가! 예수님이 가르쳐 주신 진리라는 것은 바로 이것이다. 하나님으로부터 받는 용서와 우리가 다른 사람의 죄를 용서하는 것이 아주 밀접하게 연결되어있다는 점이다.

> **진정한 용서에는 용서받을 사람이
> 용서받을 만한 자격이
> 있는 지 없는 지 와는 상관이 없다.
> 왜냐하면 용서란 오직 사랑의 행위이지
> 정의에 관련된 것이 아니기 때문이다.**

상대방이 우리에게 어떠한 일을 했던 관계없이, 우리는 용서하는 것에 어떤 한계를 설정해서는 안 된다. 왜냐하면 그 누구도 하나님으로부터 받는 용서에 한계를 설정하고 싶지 않기 때문이다.

이러한 영적인 원리를 바로 이해한다면 진정한 용서란, 오직 사랑의 행위이지 정의에 관련된 것이 아니라는 사실을 이해하기가 쉬워진다.

깨어진 신뢰

용서라는 것은 앞으로 믿을 수 있을 것인가 아닌가 하는 것과도 관련이 없다. 용서함을 받은 그 인간이 아직도 믿을 수 없는 인간으로 그 모양 그대로 남아있을 수도 있다.

슬프게도, 사람들은 일단 용서를 하면, 그 다음부터는 그 인간이 믿을 수 있는 사람으로 변하리라 생각한다. 그렇지만, 어떤 경우에는, 그러한 변화가 일어나지도 않을 뿐만 아니라, 순진하게 그렇게 생각하는 것은 위험하기까지 하다.

나는 친구의 자녀를 돌봐주던 남자가 그 아이에게 성적인 학대를 가한 경우를 보았다. 그러한 사실이 발각되었을 때, 그 남자는, 자신이 저지른 일에 대해서 가슴 아프게 통탄하면서 깊이 회개하는 것처럼 보였다. 처음에는 교회로부터 징계를 받았지만, 나중에는 교회와 그 아이의 부모 둘 다로부터 용서를 받았다.

일단 용서를 받고 난 뒤에, 그 남자는 교회의 주일학교 교사로 다시 복직되었다. 그러나 얼마 못 가서 그는 다른 아이들을 학대하다가 발각되었다. 그러므로 동일한 유혹에 굴복할 가능성을 배제하지 않고 그를 동일한 직업으로 복직시킨 것이 실수였던 것이다. 그러므로 용서를 해주었다하더라도, 무작정 그 사람을 신뢰할 수는 없는 노릇이다.

일단 다른 사람에 대해서 죄를 범한 경우, 신뢰는 깨어진다. 동시에 하나님과 그 사람사이의 신뢰도 깨어진다. 그러므로 용서를 해준다는 것과 신뢰를 회복하는 것은 동일한 것이 아니다. 신뢰와 신용은 처음부터 다시 형성이 되어야만 한다.

그러므로 위와 같은 경우에 그 사람을, 믿을 만한 사람으로 변화된 것으로 착각하고, 다시 제자리로 돌리는 것 같은 결정은 잘못된 것이었다.

온전한 용서

베드로의 이야기에서 거듭해서 용서를 해야만 한다는 구절을 통해서, 우리는 종종 동일한 사람이 동일한 죄악을 반복해서 저지르는 것을 거듭해서 용서를 해야 한다는 것처럼 생각한다. 그러나 그러한 경우보다 더 흔한 경우는 깊은 상처를 입은 경우이다. 일생을 좌지우지 할 충격적인 사건을 당한 사람은 너무나 골이 깊은 상처를 입게 되어있다. 그러한 경우에 상처는 층층이 겹쳐서 사람을 고통스럽게 만든다.

첫 용서는 강한 의지의 표현이다. 그러나 그러한 의지는 내면 깊숙이 있는 상처받은 감정과는 상반된 것이다. 시간이 지나면서, 마음 속 깊숙이 숨어있던 감정들이 되살아난다. 무의식 속에 깔렸던 것들이 의식으로 떠오르면서, 생각할수록 괘씸하고, 속상하고, 억울한 감정들의 소용돌이가 만들어진다. 마치 파도가 몰려오듯이 그렇게 차례로 끊임없이 물밀듯이 밀려오는 것이다.

그러므로 생각이 날 때마다 용서를 할 수밖에 없다. 그러다 보면 파도의 높이가 점차로 낮아지고, 고통이 찾아오는 간격도 길어지게 되는 것을 발견할 것이다. 그러므로 어떤 극심한 경우는 한 사건에 대해서 490번도 더 용서를 해야만 경우도 있다. 그래야만 용서의 과정에 종지부를 찍고 고통에서 해방될 수 있다.

온전한 자유

"주님 저는 얼마나 자주 용서를 해야 합니까?"라는 질문에 대한 정답은 "더 이상 마음에 고통이 남아있지 않아서 더 이상 용서를 할 필요가 없어질 때까지 하라"이다. 바로 그 시점에 다다르면, 당신은 하나님의 도우심으로, 승리의 결승점에 도달한 사람 같이 되리라.

그러면 과거의 잘못이 당신을 따라 붙어서 꼼짝 못하게 얽어매던 사슬이 풀리고, 하나님이 원하시는 사람이 될 자유를 얻게 된다. 남은 일생동안 하나님께서 운명지어주신 그 길을 걸어가게 될 것이다.

용서하지 못함으로 오는 심각한 결과에 대해서 예수님은 제자들에게 명확하게 말씀하셨고, 예수님은 당신과 나도 그 사실을 정확하게 알기 원하신다. 우리가 몇 번만 용서를 해주고 그 다음부터는 용서를 안 해준다면, 그 다음부터는 우리가 마음껏 자유를 누리지 못하게 될 것이다.

폴린이라는 여인의 경험을 소개하고자 한다. 어렸을 적에 당한 성적인 학대로부터 자유로워지기 위해서 그녀는 여러 차례 용서를 해야만 했다. 침대에서 잠을 자면, 무슨 나쁜 일이 또 발생할 지도 모른다는 두려움 때문에, 지난 20년 동안 그녀는 침대 위에서 잠을 자지 못하고 마룻바닥에서 잠을 잤다.

그러나 폴린은 드디어 용기를 가지고 믿음의 날개를 활짝 펴기 시작했다. 그 가해자를 용서하기 시작한 것이다. 그때부터 그녀의 삶은 생기를 되찾기 시작하였다. 다시 살아나기 시작한 것이다. 그러나 그 충격적인 기억이 되살아 날 때면, 다시 용서를 해야만 했다. 그렇게 용서를 할 때마다, 하나님께서는 층층이 쌓였던 모든 분노와 공포의 마음을 하나씩 처리해 나가기 시작하셨다.

베드로가 예수님에게서 배운 것과 동일한 것을 폴린도 배우고 실천했기에, 그녀는 오늘날 살아있다. 용서에는 한계가 없다! 그녀는 진실한 마음으로 바로 그 기도, 〈지구상에서 가장 강력한 기도〉를 드렸다. 그것은 기적의 열쇠였으며, 그것을 통해 마음속의 모든 분노와 갈등이 해소되었을 뿐만 아니라, 예수님의 참사랑이 무엇인지 깨달아 알고 체험하게 되었다.

폴린이 당한 것 같이 고통의 삶을 사는 사람도 드물 것이다. 하나님이 폴린 같은 사람도 치유해내셨다면, 하나님은 당신도 물론 치유하실 수 있다.

What about God?
하나님은 어떠신가요?

하나님을 비난한 것에 대해 잘못했다고 사과할 필요성

데보라는 베개를 주먹으로 때리면서 "하나님이 정말 살아계시다면, 왜 이런 나쁜 일이 일어나지 않도록 막지 못하셨나요?"라며 울분을 터뜨리고 있었다. 그녀는 분노로 떨고 있었으며, 하나님에게 그 모든 것을 투사하고 있었다!

사실 어떻게 보면 데보라의 질문은 정당한 것같이 보이기도 한다. 하나님이 온 우주 만물을 다스리시는 분이시라면, 모든 일에 책임이 있지 않겠느냐는 것이었다. 만약에 기독교인들이 주장하는 대로, 하나님이 전지전능하시고 인간을 그렇게 많이 사랑하시는 분이시라면, 왜 하늘에 혼자 가만히

앉아만 있고 인류의 고통과 어려움을 해결하지 않으시냐는 것이었다. 데보라는 그러한 하나님의 태도를 이해할 수 없었고, "그러한 하나님이라면 나는 믿고 싶지 않다."라고 까지 말했다.

사실 논리적으로 따지자면 데보라의 말은 맞는 말이다. 뿐만 아니라 억울한 일을 당한 데보라의 심정도 이해가 간다. 그러나 데보라는 뭔가 뒤틀려진 사고를 하면서 하나님에 대한 오해를 하고 있었다.

자유의지

데보라가 제대로 이해하지 못했던 첫 번째 사실은 인간이 하나님의 형상을 따라서 하나님과 비슷하게 만들어졌다는 사실이다. 인간은 하나님과 마찬가지로 자유의지를 가지고 있다. 즉 인간은 우리 자신들의 결정을 스스로 내릴 자유가 있다.

우리에게 자유의지가 없다면, 어떠한 종류의 인간관계로 들어갈 것을 선택할 능력도 없다는 것을 의미한다. 자유의지가 없는 존재는 마치 로봇과 같은 존재이다. 그러므로 선택할 수 있는 즐거움은 개인적인 기쁨과 쾌락의 원천이다.

인간 개개인은 유일하고 특이하다. 서로 즐기는 것들도 상이하다. 어떤 사람은 햄버거를 좋아하고, 다른 사람은 피자를 더 좋아할 것이다. 바닷가로 여행을 떠나는 것을 좋아하는 사람도 있고, 산으로 등산가는 것을 더 좋아하는 사람들도 있다. 물론 우리는 내가 가지고 있지 않은 것을 다른 사람이 가지고 있으면 시기한다. 혹자는 정치에 관하여 이야기하는 것을 즐기고, 다른 사람은 그 시간에 차라리 스포츠를 즐기고자 하는 사람도 있다. 그러므로 다양성과 선택이 인생을 즐겁게 만든다.

아무리 선택할 것이 많다 하더라도, 우리는 어떤 것을 선택해야한다. 그리고 인간은 자신이 좋아하는 것을 선택할 자유를 가지고 있다. 그러므로 인간에게서 자유의지를 빼앗아 간다면, 인간은 더 이상 인간으로서 존재하지 않을 것이다. 그러므로 한 개인의 자유가 침해되지 않는 것이 중요하다. 모든 개인은 그러므로, 자신을 보호하기 위한 한계의 테두리를 설정해놓고, 다른 사람이 개인의 권리를 침범하지 못하도록 해야만 한다.

안전한 한계설정

하나님이 설정하신 한계의 테두리를 넘어가서 인간이 활동하면, 인생은 엉망진창이 되게 되어있다! 인간에게는 하나님의 말씀을 의심하고 그분의 말씀에 반항할 수 있는 자유까지 주어져있다. 그리고 그것은 이미 역사를 통해 증명이 되어있다!

**한계가 없는 자유 의지는
매우 위험한 것이다!**

소위 "타락"이라는 말로 표현되는 인간의 행동은, 진정한 신이 아닌 우상의 권위를 인정함으로 시작된다. 이 불경건한 권위는 하나님과 인간의 관계를 망쳐놓는 주원인이다. 현재뿐만 아니라 대를 이어서 저주의 씨를 뿌리고, 하나님이 설정하신 한계를 넘어서 죄악의 길로 치닫게 하기 때문이다.

우리가 살아가는 이 시대에도 그러한 일은 얼마든지 일어나고 있다. 지난 수천 년간 서구문명의 기초가 되어온 성서적인 도덕성이 무너져 내려가고 있다. 부도덕, 반도덕, 성적인 문란이 현대사회를 주장한다.

부모가 항상 보호해주었던 그 한계의 테두리를 넘어갈 때마다, 어린아이들은 위험에 봉착하게 된다. 그래서 2살 난 어린아이의 안전을 위해 부모는 어린아이가 혼자 집밖으로 나가 놀지 못하게 한다. 만약에 2-3살 난 어린아이들에게 도로에 나가서 혼자 놀게 내버려둔다면, 우리는 엄청난 사고의 소식을 듣게 될 것이다. 그래서 도로에는 표지판도 있고 신호등도 설치되어 있는 것이다.

캐나다에서는 매년 얼어붙은 호숫가로 사람들이 몰려든다. 많은 사람들이 즐기기도 하지만, 또한 많은 사람들이 목숨을 잃는다. 썰매를 타고 그 넓디넓은 호숫가를 미끄러지면, 참으로 신난다. 그러나 얼음이 상당히 두껍게 얼어붙은 곳에서만 놀도록 되어있다.

그러나 종종 잘난 척 하는 어떤 사람들은 정부가 지정한 지역을 넘어서서 마음대로 마구 돌아다닌다. 이렇게 정해진

구역을 넘어서서 놀러간 많은 사람들이 물에 빠져서 목숨을 잃고 그 가족들을 비통함에 빠지게 한다.

영적인 세계도 마찬가지이다. 하나님이 정하신 경계가 있다. 사랑이 많으시고 우리를 돌보시는 하나님께서 설정하신 테두리밖에 나가서 노는 사람들은 항상 문제의 구덩이에 빠지게 되어있다. 하나님은 규칙과 법도를 우리의 안전을 위해 주시는 분이시다.

많은 사람들이 오해하는 것이 있다. 예를 들자면 십계명은 인간이 즐기는 것들을 즐기지 못하도록 막기 위한 목적으로 주신 것이라는 주장이다. 하나님은 인간이 자유의지를 가지고 있기에, 잘못된 길로 나가지 않도록 한계를 설정해 주시기 원하셨던 것이다.

악과 악한자

성경은 이 테두리 벗어나는 행위를 죄, 내지는 악행이라고 말한다. 자유의지를 사용하여 악한 선택을 하면 악한 자에게 더 악한 일을 할 기회를 제공하게 된다.

주기도문을 통해서 주님은 "다만 악에서 구하옵소서"라고 기도하라고 가르쳐주셨다 (마태복음 6:13). 보다 더 정확하게 번역하자면, "악한 자에게서 우리를 구하여 주시옵소서"이다. 이 세상에는 악한 신이 있다(고린도후서 4:4). 그는 하나님이 만드신 온갖 좋은 것들을 모두 망가뜨리는 존재이다.

그러므로 주기도문의 내용은 다른 것이 아니다. 올바른 선택을 하면서, 하나님이 설정하신 지경 안에 머물게 해달라는 기도이다. 여기에서 시험에 든다는 것은 유혹에 넘어가서 악한 선택을 하게 된다는 것을 의미한다. 동시에, 주기도문은 우리가 악한 선택을 했을 때, 우리의 죄를 틈타 들어오는 악한자의 영향력에서 우리를 안전하게 보호해 달라는 기도를 드려야 한다는 것을 가르쳐준다. 악한 자(사단-마귀)는 원래부터 자유의지를 사용하여 하나님을 대적하던 자이다 (마태복음 4:10).

흠이 없으신 하나님

이 세상에 발생하는 모든 악하고 나쁜 일들은 하나님의

탓이 아니다. 모든 것은 인간의 잘못된 선택과 거기에 편승하는 악의 세력이 만들어낸 것들이다. 그러므로 하나님을 비난하거나 비판하는 실수를 범해서는 안 될 것이다.

하나님은 그분의 전지전능하심을 사용하여 이 세상에서 벌어지는 모든 악한 일들을 중단시키실 수 있는 분이시다. 그러나 그렇게 하는 과정 중에 우리 인간의 자유의지가 말살된다. 동시에 선과 악이 뒤엉켜 있는 인류역사 자체도 없어져 버릴 것이다. 그러나 하나님이 바라시는 것은 자유의지를 가진 인간이 자발적으로 하나님을 섬기고 자발적으로 사랑하는 것이다.

하나님은 인간의 자유의지를 말살시키는 대신에 새롭게 하시기를 원하셨다. 성경은 말씀하시기를 하나님께서 우리를 너무나도 사랑하신 나머지, 예수님이신 하나님의 아들을 보내주시고, 우리 죄를 대신해서 죽게 하심으로, 우리를 얼마나 사랑하신다는 것을 나타내 보여주셨다고 말씀하신다. 하나님이 그렇게 하신 이유는 하나님이 우리의 죄를 용서해 주심으로, 서로 친밀한 관계로 다시 회복되기를 바라셨기 때문이다 (요한복음 3:16-17).

우리 모두는 타락한, 그렇기에 악한 세상에서 살고 있다. 하나님이 처음에 아름답게 만드신 세상이 얼마나 엉망인지 알고 싶다면, 신문을 한번 읽어보아라.

그러나 인간과 악한 자가 한 일에 대해서 아무 잘못도 없으신 하나님을 비난하는 대신에, 씁쓸함의 저주로부터 벗어나는 다른 길이 있다. 즉 아무 죄도 없으신 하나님과 하나님의 아들을 비난한 우리의 죄를 용서해 달라고 비는 것이다.

하나님께 미안하다고 말하는 것은 치유로 들어가는 필수불가결한 단계이다. 반드시 이 과정을 거쳐나가 보라. 그러면 다른 사람을 용서하는 기도를 드리지 못하게 하는 장애물들이 사라지고, 〈지구상에서 가장 강력한 기도〉의 축복이 당신의 삶을 지배하게 되리라.

The Seven Steps to Freedom
자유에 이르는 7단계

당신에게 상처를 준 그 사람에게
더 이상 속박되어 있을 필요가 없다.
당신은 자유롭다!

하나님이 주신 기적의 열쇠를 사용하는 법

당신의 미래는 당신 자신과 하나님의 손에 달려있다! 당신의 삶이 얼마나 망가져 있는지는 몰라도, 망가진 정도에 관계없이, 하나님과 당신이 함께 일하면 운명을 바꾸어 놓을 수 있다. 그러면 나머지 일생동안은 자유롭게 된 마음으로, 하나님이 원하시는 사람이 될 것이고 하나님의 축복을 새롭게 받게 될 것이다. 그렇게만 하면 인생은 오늘부터 새로 시작된다!

다윗 왕은 하나님께서 만드신 지경과, 그것 안에서 하나님과 동행하는 것을 아는 사람이 누리는 축복을 다음과 같이 노래하였다.

주의 교훈은 완전하여서 사람에게 생기를 북돋우어 주고,
주의 증거는 참되어서 어리석은 자를 깨우쳐 준다.

주의 교훈은 정직하여서 마음에 기쁨을 안겨 주고,
주의 계명은 순수하여서 사람의 눈을 밝혀 준다.

주의 말씀은 티 없이 맑아서 영원토록 흔들리지 아니하고,
주의 법령은 참되어서 한결같이 바르다.

주의 교훈은 금보다, 순금보다 더 사랑스럽고,
꿀보다, 송이꿀보다 더 달다.

그러므로 주의 종이 그 교훈으로 경고를 받고, 그것을 지키면,
푸짐한 상을 받을 것이다.

(시편 19:7-11, 저자가 강조를 한 것임)

하나님의 말씀에는 인생에 대한 그분의 놀라운 지침이 들어있다. 하나님은 어디에 위험이 도사리고 있는 지 보여주신다. 이 놀라운 시편에서, 하나님이 세우신 울타리(하나님의 법) 안에서 거하기로 선택하면, 그분은 영혼을 소생케 해 주시며, 은혜와 마음의 기쁨을 허락해 주신다는 것을 배울 수 있다. 뿐만 아니라 영적인 눈이 밝아지고, 위험한 상황을 미리 알게 되며, 하나님의 보상해 주심을 만끽하게 인도해 주신다는 것이다! 얼마나 멋진 약속인가!

그러나 저자인 나에게 도움을 청하면서 찾아오는 마음이 상한 사람들의 얼굴에는 예수님을 따르는 사람들에게 나타나는 하나님의 놀라운 축복의 빛이 나타나지 않는다. 대신에 그들의 상처, 고통, 실망, 좌절, 분노, 불평, 쓸쓸함, 삶의 경험에 대한 부정적인 반응들이 눈에 띠게 나타나 보인다.

하나님의 말씀에 나타난 가장 중요한 법칙 중에 하나는 심고 거두어들이는 법칙이다. 사도 바울은 강력하게 주장하기를, 하나님의 말씀을 어겼을 경우 그에 대한 책임을 지지 않아도 될 것을 기대하지 말라고 하였다. "자기를 속이지 마십시오. 하나님은 조롱을 받으실 분이 아니십니다. 사람은 무엇을 심든지, 심은 대로 거둘 것입니다"(갈라디아서 6:7).

우리 인생에 어떠한 씨를 심었든지, 심은 씨의 종류대로 거두어들인다는 뜻이다. 그러므로 용서하지 않음을 심으면, 쓴 뿌리를 거둘 것이다. 뿐만 아니라, 용서하지 않음을 연속으로 뿌리면, 쓴 뿌리는 점차 자라나서 결국 모든 것을 장악하게 된다. 그 쓴 뿌리는 마음만 장악하는 것이 아니라 몸의 건강까지 잡아먹어 버린다.

"그러면 어떻게 해야 하는가?" 내지는 "나는 그러한 종류의 문제더미의 곡식을 거두어드리는 추수를 하고 싶지 않은데!"라고 반응하는 사람들도 있을 것이다.

만약에 당신이 바로 그러한 사람이라면, 당신은 용서의 필요성을 절감 내지는 직감한 사람이다. 예수님을 믿고 그분에게 당신의 삶을 맡기기로 결심한다면, 이미 큰 일보를 내딛은 셈이다. 당신의 발이 이미 하나님의 새 땅 안으로 들어와 있음으로, 한 발자국만 더 내딛으면 하나님의 치유하심을 받으며, 〈지구상에서 가장 강력한 기도〉로부터 큰 유익을 얻을 수 있을 것이다.

이제 실질적인 면으로 들어가 보자. 성경의 놀라운 가르침을 당신의 인생에 적용하는 단계들을 살펴보자.

제 1단계 - 결정을 내려라

앞에서 이미 살펴본 바대로 하나님께서는 각자에게 - 원하는 것을 마음대로 선택할 수 있는 - 자유의지를 주셨다.

그러므로 첫째로 해야 할 일은 당신의 지난 과거를 살펴보면서, 인생에 가슴 시리게 상처받은 어려운 순간들을 다시 회상해 내는 것이다. 그리고는 자유의지를 사용하여, 그것에 관련된 모든 사람과 사건들을, 무조건적으로, 용서하기 시작하라. 이 결정은 당신이 내리는 결정임으로, 다른 누구도 당신을 대신해서 할 수 없다!

나는 제인이라는 여인에게서 기도부탁을 받았다. 24년 전에 제인은 폴이라는 남자가 운전하는 2인용 썰매를 타다가 썰매가 전복되는 바람에, 얼음판 위를 몇 차례 구른 적이 있다. 그녀의 몸이 이리저리 마구 뒹굴었을 때, 그녀의 머리는 단단한 얼음 바닥을 여러 번 때렸다.

제인은 그 사고로 인해 얻은 척추, 관절, 어깨에 얻은 부상으로 평생 장애자가 되었다. 사고 이후에 몇 년간 척추교정과 의료진의 치료를 받았지만, 전혀 호전되지 않았다.

나는 그녀를 위해 기도하면서 느닷없이 "폴을 용서하셨나요?"라고 물어보았다. 나는 그녀의 얼굴표정으로부터 나의 질문에 대해서 난색을 표명하는 것을 감지 할 수 있었다. 지난 24년 동안의 엄청난 고통을 야기한 그 사람을 용서한다는 것은 불가능하다는 그러한 표정이었다.

나의 판단으로는 제인은 하나님과 해결해야 할 심각한 일이 있다고 생각했기에, 나는 제인에게 기도해 줄 수 없다고 말했다. 그리고 일단 그 장애물을 극복해 보라고 부탁하였다. 얼마 안 가서 제인은 폴을 용서했고, 폴을 죄책감의 사슬로부터 자유롭게 놓아주게 되었다.

그러나 나는 관여하지 않았다. 왜냐하면 그것은 제인의 자발적인 선택이어야만 했기 때문이다. 용서하지 않는 마음을 가지고 있는 한, 아무리 많은 기도를 드린다해도, 효과는 없다. 용서하지 못하는 마음이라는 장벽이 가로막고 있는 한, 아무리 육체의 질병의 치유를 위해 기도를 한다해도, 하나님의 사랑과 능력은 장벽에 부닥쳐서, 우리 안으로 뚫고 들어와 역사하지 못한다. 그래서 마지막에는 하나님은 사랑하지 않거나 능력이 없으신 분으로 오해를 받는다.

그러나 제인이 용서하기를 마쳤을 때, 나는 제인을 위해 기도하기 시작하였다. 나는 하나님의 능력의 임재를 느꼈고, 지난 24년 동안 그녀를 괴롭혔던 구부러진 척추로 인한 모든 통증이 순식간에 사라져버렸다.

그 다음날부터 제인의 삶은 활짝 펴오르기 시작했다. 이른 아침부터 일어나 조깅을 하기 시작하였으며, 이전에는 불가능하였던 종류의 운동을 하면서 인생을 즐길 수 있게 되었다. 제인은 이제 완전히 다른 사람이 되었다!

제인의 육체의 치유는 그녀가 의도적인 용서를 하느냐에 달려있었다. 그녀가 마지막 결단을 내리기까지 하나님은 역사하지 않으셨다.

이제는 여러분의 차례이다. 심사숙고 해보라. 어떤 희생을 치르건 어떤 결과가 발생하건, 당신도 제인이 한 선택과 동일한 선택을 하기 원하는가? 당신에게 상처를 준 그 사람, 당신의 삶에서 무엇인가를 앗아간 그 사람, 당신을 학대하고, 배반하고, 모욕한 그 사람을 용서할 수 있겠는가?

용서하려는 결단을 내리고, 용서하고자 하는 선택을 하는 것은 〈지구상에서 가장 강력한 기도〉로 들어가는 첫걸음을 내딛는 것이며, 하나님의 무한한 축복의 씨앗을 당신인생에 뿌리는 것과도 같은 행위이다.

제 2단계 - 목록을 만들어라

　일단 용서하기로 결심한 이상, 이제부터는 종이에 용서할 일들과 사람의 목록을 만들 차례이다. 목록을 작성하기 전에 간단한 기도를 드리고 시작해보아라. 당신이 나름대로 새로 만들거나, 아니면 아래의 기도를 사용해도 좋을 것이다.

하나님 감사합니다.
다른 사람을 용서하는 법을 가르쳐주시니 고맙습니다.
나에게 상처를 준 모든 사람들이 떠오르게 하시고,
마음속 중심으로부터 우러나와 용서하게 도와주시옵소서.

　이러한 기도는 길 필요도 없고 형식을 갖춘 것일 필요도 없다. 하나님은 인간의 인격과 마음의 중심을 보시는 것이지, 말을 유창하게 잘하는 기술을 보시는 분이 아니시기 때문이다!

목록을 철저하게 작성하기 위해서는 지금까지 살아온 인생 전체를 살펴보아야 한다. 태어난 순간으로부터 시작할 수도 있고, 지금 현재로부터 시작하여 거꾸로 훑어 내려갈 수도 있다 – 그러나 순서는 중요한 것이 아니다.

그러나 일단 가장 중요한 두 사람의 이름부터 시작하는 것이 좋다고 나는 생각한다 – 비록 당신이 생각하기에 당신의 부모님들이 거의 완벽한 사람들이라는 생각이 들지라도. 현실적으로 보면, 이 세상에 완벽한 부모란 존재하지 않는다. 그래서 모든 인간이 안고 살아가는 문제의 일부분은 사실 조부모나 부모로부터 물려받은 것이다 (뿐만 아니라, 부모가 어떠한 일이나 말을 했을 때 당신이 어리석게 반응했던 모든 것에 대해서도 용서하기 시작해야한다. 왜냐하면 모든 인간관계는 쌍방 모두에 책임이 있기 때문이다).

조직적으로 자세히 살펴보라. 그리고 잊어버린 사건이나 사람을 생각나게 해달라고 하나님께 부탁드려라. 그리고 용서해야하는 사람의 이름이 생각날 때마다, 종이에 기록하라. 그리고 왜 그 사람을 용서해야만 하는 지 그 이유도 함께 적으면 큰 도움이 될 것이다.

가정에서, 친구들 사이에서, 그리고 당신이 지금까지 만난 사람들 사이에서 발생했던 어렵고 불미스러운 모든 일들이 기억나도록 하나님께 기도 드려라. 매년 마다 일어난 일들을 기억해 내고 - 학교, 직장, 교회, 휴가 등등 항목별로도 생각해 보아라. 절대로 서두르지 말고, 천천히 그리고 깊이 생각할 시간을 가져 보라.

"나는 나 자신을 절대로 용서할 수 없다"와 같은 마음을 가진 적이 있었다면, 당신 자신의 이름도 그 목록에 포함되어야 할 것이다.

어떤 사람의 이름은 다른 사람의 이름보다 더 큰 아픔을 불러 일으킬 것이다. 그 사람이라면 아예 떠올리고 싶지도 않고, 생각한다는 것 자체만으로도 불쾌하기 짝이 없는 인간들의 이름을 말한다. 이름조차 거론하고 싶지 않은 사람이 있다면, 당신의 마음속에서는 그 사람을 용서하고 싶지 않은 의도가 숨어 있던지, 아니면 용서받을 만한 가치도 없는 인간이라는 판단이 서 있을 것이다.

만약에 그렇다면, 이 책을 처음부터 다시 읽어보기를 권한다. 그래서 용서하고 싶은 마음이 생길 때까지 계속 책의 앞부분을 다시 반복해서 읽어보아라. 일단 당신이 용서하기로 결심을 하면, 하나님께서 끝까지 용서의 과정을 마치도록 도와주실 것이다!

제 3단계 - 용서하기 시작하라

이제 또 하나의 간단한 기도를 드릴 차례이다. 아래와 같은 기도를 드려보아라.

주 예수님, 십자가에서 죽으심으로
저의 죄를 용서해 주심 감사드립니다.
저는 죄인임으로 회개합니다.
저의 죄를 용서해 주시고 저의 구세주와 주님이 되어주시옵소서.
저의 모든 잘못들을 전부 다 용서해 주시기를 간구합니다.
그리고 저의 목록에 적힌 사람들을

진심으로 용서할 수 있도록 인도해 주시옵소서.

그리고 목록을 따라서 한사람씩 언급해 가면서 기도를 드려라. 그들이 당신에게 저지른 일들을 생각하면서, 아래와 비슷한 기도를 드려라.

_____잘못을 저지른
_____를 용서하기 원합니다.
주님, 진심으로 _____를 용서합니다.
주님 저는 _____사건과 _____를
더 이상 제 마음속에 한으로 쌓아두지 않겠습니다.

마음 중심으로부터 목록에 적힌 사람들을 위해 기도하면, 당신을 내부로부터 변화시키셔서, 외부까지 전부다 바꾸어 놓으시는 하나님의 능력의 손길을 체험하게 된다. 불평, 불만, 씁쓸함 등으로 메워졌던 마음이 자유롭게 놓여서, 마치 고치에서 나비가 날아 나오는 것과 같은 기분을 느끼게 될 것이다.

제 4단계 - 하나님께 자유롭게 해달라고 부탁하라

각각의 사람을 위해 기도한 후에, 또는 모든 목록을 전부 다 마치고 난 후에, 이러한 기도로 옮겨갈 수 있다. 그러나 만약에 목록을 전부 마친 후에 이 기도를 드리는 경우라면, 목록에 적힌 모든 사람들의 이름을 전부다 빈칸에 넣어서 불러야한다. 아래와 비슷한 기도를 드려보아라.

주님 감사합니다.
저를 도와 주셔서 _____를 용서할 수 있게 되었습니다.
_____가 나의 인생에 미쳤던
모든 부정적이고 악한 영향력들이 사라지게 하여 주시옵소서.
그래서 과거로부터 온 나를 얽매는 사슬이 풀리고,
고통에서 벗어나 자유롭게 하여 주시옵소서.

제 5단계 - 하나님께 탓을 돌린 것을 회개하라

당신에게 닥쳤던 불행한 일들에 대해서 하나님을 비난 내지는 원망한 적이 있다면, 하나님께 용서해 달라고 기도를 드릴 수 있어야할 것이다. 당신은 아래와 비슷한 기도를 드릴 수 있다.

하나님 죄송합니다.
내 인생에 발생한 나쁜 일들을
하나님 탓으로 돌린 죄를 용서해 주시옵소서.
하나님도 그런 일이 일어나기를
원하지 않으셨던 것을 이해합니다.
저를 용서해 주시옵소서.

제 6단계 - 지구상에서 가장 강력한 기도들 드려라

〈지구상에서 가장 강력한 기도〉를 드리는 것이 이 책의 전부이다. 우리 인생은 결국 이 기도를 드리는 지점에 이를 때까지 여행을 하는 것이다. 예수님은 앞에서 제시한 여러 단계를 거치지 않고 곧바로 "아버지, 저 사람들을 용서하여 주십시오. 저 사람들은 자기네가 무슨 일을 하는지 알지 못합니다."라는 기도를 드리실 수 있었다. 왜냐하면 예수님의 마음속에는 처리해내야 할 죄, 용서하지 못하는 마음, 불평-불만, 씁쓸함, 불경건한 분노 등이 없었기 때문이다.

예수님은 억울하게 당하는 극심한 고통 한 가운데에서도, 순수한 마음을 가지고 〈지구상에서 가장 강력한 기도〉를 드리실 수 있었다. 예수님의 손에 못을 박던 로마 군병이 예수님의 기도를 들었다면, 무엇을 느꼈을까?

이 책 앞부분에서 나는 용서라는 것은 정의에 관계된 것이 아니라, 사랑의 행위라는 것을 역설하였다. 예수님을 송사하고 죽이는 무리들에 대한 예수님의 태도는 사랑의 마음이었다. 예수님이 원하셨던 한 가지는 모든 인류가 하나님을 알고, 하나님의 용서해주시는 사랑을 경험하기를 원하셨던 것이다.

예수님께서 제자들에게 "그러나 내 말을 듣고 있는 너희에게 말한다. 너희의 원수를 사랑하여라. 너희를 미워하는 사람에게 잘 해주고, 너희를 저주하는 사람을 축복하고, 너희를 모욕하는 사람을 위하여 기도하여라."(누가복음 6:27-28) 라고 가르치셨을 때, 제자들은 예수님의 가르침을 제대로 이해할 수 없었을 것이다. 그러나 이제는 알게 되었다. 왜냐하면, 예수님은 자신이 가르치신 대로 바로 실천하셨기 때문이다.

예수님은 가장 순수한 마음으로 〈지구상에서 가장 강력한 기도〉를 드리시고 죽으셨다. 그러한 예수님의 마음은 어떠한 악이나 사단-마귀가 감히 예수님을 넘볼 기회를 제공해 주지 않았다. 바로 이 〈지구상에서 가장 강력한 기도〉는 부활의 아침이 있도록 이끌어준 기도이다!

다른 사람을 위해 용서를 비는 기도를 드림으로, 예수님같이 하나님의 제단에 자신을 제물로 드리는 행위는, 참으로 하나님을 기쁘시게 하는 행위이다. 다른 사람이 범한 모든 악한 죄에 대한 용서를 비는 말은, 먼저 마음속으로 진실하고도 철저하게 그들을 용서하지 않는다면, 입술을 통해서 나올 수 없다. 그러나 일단 진심으로 용서하고 나면, 그 다음부터는 하나님의 치유가 시작된다. 과거가 정리되고, 인생의 구석구석들이 펴지기 시작하고, 미래가 활짝 열리는 변화가 일어난다.

이제 〈지구상에서 가장 강력한 기도〉의 마지막 부분으로 들어가 보자. 마지막은 아무 이기심을 가지지 않고 다른 사람을 축복해 주기로 결심하는 것이다 - 그렇다, 당신에게 많은 피해를 준 그 사람까지도 말이다! 그렇게 하면 당신은 예수님을 따르는 자가 되는 것이며, 그 사람에게도 하나님을 알고 하나님의 사랑에 응답할 수 있는 기회를 제공해 주는 격이 된다. 이는 다른 사람에게 줄 수 있는 인생최대의 선물이며, 최고의 축복이 바로 여기에 있다.

당신의 기도에 대해서 상대방이 반드시 응답하고 축복 속으로 들어가라는 법은 없다. 왜냐하면, 그것은 그들의 자유의지에 달려있기 때문이다. 당신은 그들에게 기회를 제공할 뿐이지, 그들이 내리는 최종적인 결단에 대해서 당신은 책임이 없다.

코리 텐 붐과 그의 친척들은 2차 세계대전 때에 나치에 의해서 수배를 당한 800명을 도와준 일로 유명해 진 사람이다. 그 일로 인해서 친척 중 4명이 처형을 당했다.

코리의 누이는 베시로서, 2차 세계대전이 끝나기 바로 전에 라벤스브륙 강제 수용소에서 죽었다. 그러나 같은 수용소에 감금되었던 코리는 생존하였다. 집으로 돌아온 코리는 독일의 나치들이 얼마나 악랄하였나 하는 것을 증명하기보다는, 하나님의 은혜가 얼마나 컸는가 하는 것을 증언하고 싶었다. 코리는 라벤스브룩 강제 수용소의 경험을 회상하면서 이렇게 말했다. "너무나 깊어서 하나님의 사랑이 도달할 수 없는 인생의 웅덩이는 없다." 그리고 "하나님은 우리의 원수들을 용서할 수 있을 만큼의 사랑을 우리에게 공급해 주신다."라고도 했다.

지구상에서 가장 어두운 곳에서 코리는 하나님의 마스터 키를 사용하는 법을 배운 것이다! 코리는 53세의 나이에 사역을 시작했고, 그 이후로 32년 동안 60개국을 돌아다니며 하나님의 은혜를 전하는 하나님의 종이 되었다!

코리의 과거는 처참했지만 – 하나님의 기적의 열쇠가 코리를 해방시켰기에 – 코리는 더 이상 얽매는 사슬에 묶여있지 않았다.

스데반 오우케라는 가정도 〈지구상에서 가장 강력한 기도〉를 배운 집이다. 스데반은 영국의 맨체스터에서 일하던 건실한 경찰관이었다. 그런데 2003년 1월에 범죄자를 추적하다가 검거하는 순간, 범인이 그를 칼로 찔렀다. 스데반은 비통해 하는 부모, 억장이 무너진 아내, 가슴이 찢어진 어린 아들을 남긴 채 하나님 품으로 돌아갔다.

스데반의 아버지는 은퇴한 경관이었는데, 그는 스데반의 아내와 함께 기자회견을 가지고, 예수님의 이름으로 그 범인을 용서한다는 성명을 발표하였다. 이 사건은 영국 전역을 경악하도록 만든 사건이 되었다. 모든 사람들은 비극적인 그 사건에 놀랐을 뿐만 아니라, 그 가정이 기독교인으로서 보이는 반응을 보고 더 놀랐다. 그러한 스데반 가정의 반응으로 인하여, 많은 경찰관들이 하나님께로 돌아왔고, 복음을 전할 기회들이 열렸으며, 스데반의 가정의 가계를 타고 내려갈 쓴 뿌리가 제거되었다.

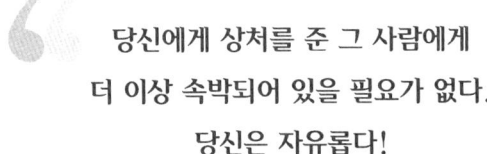

**당신에게 상처를 준 그 사람에게
더 이상 속박되어 있을 필요가 없다.
당신은 자유롭다!**

〈지구상에서 가장 강력한 기도〉는 기도를 드리는 자신을 미움이라는 감옥으로부터 해방시켜주고, 다른 사람을 죄책감의 사슬에서 풀어주며, 주변의 많은 사람들이 복음의 빛으로 들어갈 수 있는 전도의 기회를 열어준다. 그러면 하나님의 축복이 그 모든 사람의 인생 속으로 흘러 들어가게 되는 것이다. 그러면, 이제 당신은 당신에게 상처를 준 그 사람에게 더 이상 속박되어 있을 필요가 없다.

그러므로 이제 당신에게 피해를 준 모든 사람을 생각하면서, 진심으로 아래와 같은 기도를 드려 보아라. 이 〈지구상에서 가장 강력한 기도〉는, 예수님을 따라서 사는 삶이 드러나는 기도로, 우리에게 악한 짓을 한 사람을 축복해 주는 기도이기도 하다.

"아버지, 저 사람들을 용서하여 주십시오."

이 기도가 바로 당신이 드리는 〈지구상에서 가장 강력한 기도〉가 되게 하라.

제 7단계 - 부활의 아침을 기다려라

예수님께서 죽은 자 가운데서 다시 일어나시고, 무덤을

박차고 나오셨을 때, 예수님은 더 이상 죽은 자를 감싸는 세마포를 입지 않으셨다. 당신도 마찬가지다. 과거의 사슬에서 빠져 나오는 순간, 더 이상 과거의 옷을 입고 다닐 필요가 없어진다. 당신에게 일어나는 변화는 마치 부활의 아침을 맞이하는 것 같이 새로울 것이다.

예수님께서는 모든 것을 새롭게 만들겠다고 약속하셨다(고린도후서 5:17, 요한계시록 21:5). 〈지구상에서 가장 강력한 기도〉를 통해서 씁쓸함의 옷은 벗겨진다. 그리고 대신에 하나님의 축복의 법칙이 인생을 지배하게 될 것이다.

당신이 목록에 적은 사람들 각자의 이름을 큰 소리로 부르면서, 그들을 향하여 〈지구상에서 가장 강력한 기도〉를 드리는 순간마다, 당신은 완전히 새사람으로 변화될 것이다. 그러면 곧 이어서 부활의 아침을 맞이하게 되리라!

It's Up to You!
모든 것은
당신에게 달려있다!

인생의 전반부에 발생한 어려움에 대해서
어떻게 반응하느냐 하는 것은,
인생의 후반부를 즐기며
충만하게 살 것인지 아닌 지를
결정지을 것이다.

마지막 고려

 당신의 삶은 유일하다. 어머니의 태속에서 잉태되는 순간부터 지금까지, 당신은 당신 자신만의 이야기를 간직하고 있다. 그리고 이 땅을 떠나는 그 순간까지, 당신의 삶의 이야기는 당신 자신의 고유한 이야기가 될 것이다. 그러므로 지금부터 시작해서 당신이 죽는 그 순간까지 일어날 일들은, 적어도 당신 자신에게는, 이 세상의 그 어느 일들보다 더 중요한 일들이다.

 우리의 삶은 언제나 두 부분으로 나눠진다. 첫째 부분은 이미 살아온 인생이고, 둘째 부분은 앞으로 살아갈 인생이다. 그런데, 항상 첫째 부분은 갈수록 길어지고 둘째 부분은 갈수록 짧아진다!

우리 모두는 앞으로 살아갈 날이 얼마 남았건 간에, 모든 사람은 인생을 즐기고 최대한 행복해지려고 한다. 그러므로 당신이 지금 이 시간 어떻게 결심하느냐 하는 것은 참으로 중요하다. 거기에 따라서, 앞으로의 남은 일생이 넉넉하고 평탄해지기도 하며, 반대로 실망, 불만, 씁쓸함, 분노, 미움, 원한의 바다 속을 헤매며 간신히 입만 위로 동동 떠오르는 삶을 살게 될 것이기 때문이다.

과거의 삶에 대해서 제대로 반응하느냐 하는 것이 미래의 삶에 직접적인 영향을 끼친다는 사실을 빨리 깨달으면 깨달을수록, 당신은 더 한층 빨리 충만한 삶 속으로 들어갈 수 있다. 용서하지 못함의 밧줄을 빨리 끊어 버리면 끊어 버릴수록, 과거의 고통에 묶여있던 것으로부터 해방될 수 있다.

타인이 나에게 무엇을 어떻게 했던지 전혀 상관없이, 쓴 뿌리의 기억에 매달려있는 것은 적어도 하등에 이득이 되지를 않는다. 더 오래 매달려 있으면 있을수록, 당신의 미래는 처참했던 과거에 의해서 먹혀버린다. 과거를 용서하지 못하는 하루하루의 삶들이 계속해서 당신의 현재를 침범하여 당신으로 하여금 뭔가에 홀린 것 같은 사람이 되도록 만든다!

성경은 하나님의 백성을 위하여 온전한 회복과 소망을 약속하고 있다. 그러나 하나님의 약속에는 항상 조건이 따라 붙는다. 그 조건 중에 하나는 용서를 해야만 한다는 조건이다. 그렇다면 당신은 왜 망설이고 있는가? 밑져야 본전이고, 잘만하면 말할 수 없는 축복을 받을 일인데!

예수님이 드리는 그 놀라운 기도는 〈지구상에서 가장 강력한 기도〉이다. 당신도 지금 당장에 그 기도를 드리기 시작할 수 있으며, 그로 인한 하나님의 무한하신 축복, 함께 하심, 그리고 사랑과 능력을 경험할 수 있다.

**인생의 전반부에 발생한 어려움에 대해서
어떻게 반응하느냐 하는 것은,
인생의 후반부를 즐기며
충만하게 살 것인 지 아닌 지를
결정지을 것이다.**

열쇠는 당신의 손안에 이미 들어있다. 이는 기적의 열쇠이다. 그러나 오직 당신만이 사용할 수 있는 열쇠이다. 바로 오늘이 당신의 남은 생애에 축복의 창고를 여는 바로 그날이 되기를 바란다. 이제는 행동으로 옮길 시간이 되었다!

당신이 이 책의 내용을 곰곰이 생각해보고 이 기적의 열쇠를 사용할 수 있도록 저자인 나는 개인적으로 당신을 위해 기도하고 있다. 당신이 필요한 순간에 하나님은 당신을 만나주시고, 〈지구상에서 가장 강력한 기도〉를 드리는 당신은 반드시 하나님의 사랑과 용서가 가져다주는 변화의 능력을 몸소 체험하게 될 것이다.

■ 저자 소개

피터 호로빈 Peter Horrobin

저자인 피터 호로빈은 전 세계적으로 내적치유 사역을 하는 기독교 상담사역 단체인 엘렐 미니스트리 (Ellel Ministry)의 대표이다. 저자는 정서적이고 영적인 치유에 관한 세계적인 권위자로 알려져 있다. 오랜 축사사역 경험을 바탕으로 저술한 Healing through Deliverance I, II (귀신축출을 통한 치유 제 1, 2권)은 축귀에 관한 교과서로 알려져 있다.

■ 번역자 소개

김유태

김유태 목사는 연세대학을 졸업하고, 아세아 연합신학대학원(ACTS)에서 종교학과 선교학을 수학하였다. 장로회신학대학원에서 목회학 석사(M. Div.)를 마치고, 미국 프린스톤 신학교 (Princeton Theological Seminary)에서 신학 석사(Th.M.)를 하였다. 미국 뉴욕시에서 2세들을 위한 영어목회 사역자로 10년간 목회활동을 하면서, 드류 대학 (Drew University)에서 신약신학과 초대교회사 전공으로 박사학위(Ph.D.)를 취득하였다. 현재는 (PCUSA 소속) 미국 뉴저지 새동산 장로교회를 담임하고 있다. 저서로는 〈자녀들이 형통케 되는 기도서〉가 있으며, 역서로는 〈상한 마음을 치유하는 기도〉, 〈파수꾼 기도〉, 〈혹시나 오늘 오시려나〉, 〈기도 아이디어 종합자료집〉, 〈삶을 바꾸는 Yes!의 기술〉, 〈하나님! 도와주세요〉, 〈흔들리지 않는 믿음〉, 〈언약 결혼: 연인보다 아름다운 부부로 살아가기〉 등 다수가 있다.

초판발행 | 2005년 2월 9일
2쇄발행 | 2012년 3월 30일

지은이 | 피터 호르빈
옮긴이 | 김유태

펴낸이 | 허철
펴낸곳 | 도서출판 순전한 나드
등록번호 | 제2010-000128
주소 | 서울 강남구 역삼동 774-31 2층
도서문의 | 02) 574-6702 / 010-6214-9129
편집실 | 02) 574-9702
팩스 | 02) 574-9704
홈페이지 | www.purenard.co.kr
인쇄소 | 예원프린팅

Printed in Korea

ISBN 89-91455-02-6 03230

No.	도서명	저자	정가
1	강력한 능력전도의 비결	체 안	11,000
2	광야에서의 승리(개정판)	존 비비어	10,000
3	교회, 그 연합의 비밀	프랜시스 프랜지팬	10,000
4	교회를 뒤흔드는 악령을 대적하라	프랜시스 프랜지팬	5,000
5	교회를 어지럽히는 험담의 악령을 추방하라	프랜시스 프랜지팬	5,000
6	그리스도인의 삶의 비결	진 에드워드	8,000
7	기름부으심	스미스 위글스워스	8,000
8	꿈을 통해 말씀하시는 하나님	헤피만 리플	10,000
9	존 비비어의 친밀감(날마다 하나님께 더 가까이 개정)	존 비비어	13,000
10	내 백성을 자유케 하라	허철	10,000
11	내게 신선한 기름을 부으셨나이다	허철	9,000
12	내어드림	페늘롱	7,000
13	다가온 예언의 혁명	짐 골	13,000
14	다가올 전환	래리 랜돌프	9,000
15	당신도 예언할 수 있다	스티브 탐슨	12,000
16	당신은 예수님의 재림에 준비가 되어 있습니까?	메릴린 히키	13,000
17	당신은 치유받기 원하는가	체 안	8,000
18	당신의 기도에 영적 권위가 있습니까?	바바라 윈트로블	9,000
19	더넓게 더깊게	메릴린 앤드레스	13,000
20	동성애 치유될 수 있는가?	프랜시스 맥너트	7,000
21	두려움을 조장하는 악령을 물리치라	드니스 프랜지팬	5,000
22	마지막 시대에 악을 정복하는 법(개정판)	릭 조이너	9,000
23	마켓플레이스 크리스천(개정판)	로버트 프레이저	9,000
24	존 비비어의 축복의 통로(무시되어온 축복의 통로 개정)	존 비비어	6,000
25	믿음으로 질병을 치유하라(개정판)	T.L. 오스본	20,000
26	부서트리고 무너트리는 기름 부으심	바바라 J. 요더	8,000
27	부자 하나님의 부자 자녀들	T.D 제이크	8,000
28	사도적 사역	릭 조이너	12,000
29	사랑하는 자가 병들었나이다	허 철	8,000
30	사사기	잔느 귀용	7,000
31	사업을 위한 기름 부으심(개정판)	에드 실보소	10,000
32	상한 마음을 치유하는 기도	마크 버클러	15,000
33	상한 영의 치유1	존&폴라 샌드포드	17,000
34	상한 영의 치유2	존&폴라 샌드포드	13,000
35	성령님을 아는 놀라운 지식	허 철	10,000
36	세계를 변화시키는 능력	릭 조이너	10,000
37	속사람의 변화 1	존&폴라 샌드포드	11,000
38	속사람의 변화 2	존&폴라 샌드포드	13,000
39	신부의 중보기도	게리 윈스	11,000
40	십자가의 왕도	페늘롱	8,000
41	아가서	잔느 귀용	11,000
42	악의 속박으로부터의 자유	릭 조이너	9,000
43	어머니의 소명	리사 허텔	12,000
44	여정의 시작	릭 조이너	13,000
45	영광스러운 교회에 보내는 메시지 1	릭 조이너	10,000

www.purenard.co.kr

No.	도서명	저자	정가
46	영광스러운 교회에 보내는 메시지 2	릭 조이너	10,000
47	영분별	프랜시스 프랜지팬	3,500
48	영으로 대화하시는 하나님	래리 랜돌프	8,000
49	영적 전투의 세 영역(개정판)	프랜시스 프랜지팬	10,000
50	예레미야	잔느 귀용	6,000
51	예수 그리스도와의 친밀함	잔느 귀용	7,000
52	예수님 마음찾기	페늘롱	8,000
53	예수님을 닮은 삶의 능력	프랜시스 프랜지팬	9,000
54	예수님을 향한 열정(개정판)	마이크 비클	12,000
55	요한계시록	잔느 귀용	11,000
56	인간의 7가지 갈망하는 마음	마이크 비클	11,000
57	저주에서 축복으로	데릭 프린스	6,000
58	주님! 내 눈을 열어주소서	게리 오츠	8,000
59	주님, 내 마음을 열어주소서	캐티 오츠/로버트 폴 램	9,000
60	지구상에서 가장 강력한 기도	피터 호로빈	7,500
61	지금은 싸워야 할 때	프랜시스 프랜지팬	8,000
62	천국경제의 열쇠	산 볼츠	8,000
63	천국방문(개정판)	애나 로운튜리	11,000
64	축사사역과 내적치유의 이해 가이드	존&마크 샌드포드	18,000
65	출애굽기	잔느 귀용	10,000
66	하나님과 동행하는 사람들(개정판)	산 볼츠	9,000
67	하나님과 사람에게 더욱 사랑스러운 자	듀안 벤더 클럭	10,000
68	하나님과의 연합	잔느 귀용	7,000
69	하나님으로부터 오는 능력	찰스 피니	9,000
70	하나님을 연인으로 사랑하는 즐거움	마이크 비클	13,000
71	하나님의 마음에 합한 사람	마이크 비클	13,000
72	하나님의 심정 묵상집	페늘롱	8,500
73	하나님의 아름다움을 바라보는 축복	허 철	10,000
74	하나님의 요새	프랜시스 프랜지팬	8,000
75	하나님의 음성을 듣는 방법(개정판)	마크&패티 버클러	15,000
76	하나님의 장군의 일기(개정판)	잔 G. 레이크	6,000
77	항상 배가하는 믿음	스미스 위글스워스	10,000
78	항상 부족함이 없으리로다	하이디 베이커	8,000
79	혼동으로부터의 자유	릭 조이너	5,000
80	혼의 묶임을 파쇄하라	빌&수 뱅크스	10,000
81	존 비비어의 회개(화 있을진저 외식하는 서기관과 바리새인들 개정)	존 비비어	8,000
82	횃불과 검	릭 조이너	8,000
83	21C 어린이 사역의 재정립	베키 피셔	13,000
84	금식이 주는 축복	마이크 비클&다나 캔들러	12,000
85	승리하는 삶	릭 조이너	12,000
86	부활	벤 R. 피터스	8,000
87	거절의 상처를 치유하시는 하나님	데릭 프린스	6,000
88	그리스도의 제사장적 신부	애나 로운튜리	13,000
89	마귀의 출입구를 차단하라	존 비비어	13,000
90	통제 불능의 상황에서도 난 즐겁기만 하다	리사 비비어	12,000

PURE NARD BOOKS

No.	도서명	저자	정가
91	어린이와 십대를 위한 축사사역	빌 뱅크스	11,000
92	알려지지 않은 신약성경 교회 이야기	프랭크 바이올라	12,000
93	빛은 어둠 속에 있다	패트리사 킹	10,000
94	가족을 위한 영적 능력	베벌리 라헤이	12,000
95	목적으로 나아가는 길	드보라 조이너 존슨	8,000
96	컴 투 파파	게리 윈스	13,000
97	러쉬 아워	슈프레자 싯홀	9,000
98	그리스도 안에 거하는 삶	앤드류 머레이	10,000
99	지도자의 넘어짐과 회복	웨이드 굿데일	12,000
100	하나님의 일곱 영	키이스 밀러	13,000
101	너희 지체를 의의 병기로 하나님께 드리라	허 철	8,000
102	신부	론다 캘혼	15,000
103	추수의 비전	릭 조이너	8,000
104	하나님이 이 땅 위를 걸으셨을 때	릭 조이너	9,000
105	하나님의 집	프랜시스 프랜지팬	11,000
106	도시를 변화시키는 전략적 중보기도	밥 하트리	8,000
107	왕의 자녀의 초자연적인 삶	빌 존스 & 크리스 밸러턴	13,000
108	초자연적 능력의 회전하는 그림자	줄리아 로렌 & 빌 존스 & 마헤쉬 차브다	13,000
109	언약기도의 능력	프랜시스 프랜지팬	8,000
110	꿈의 언어	짐 골 & 미쉘 앤 골	13,000
111	믿음으로 산 증인들	허 철	12,000
112	욥기	잔느 귀용	13,000
113	포로들을 해방시키라	엘리스 스미스	13,000
114	나라를 변화시킨 비전: 윌리엄 테넌트의 영적인 유산	존 한센	8,000
115	세상을 다스리는 권세의 회복	레베카 그린우드	10,000
116	예언적 계약, 잇사갈의 명령	오비 막스 해리	13,000
117	창세기 주석	잔느 귀용	12,000
118	하나님의 강	더치 쉬츠	13,000
119	당신의 운명을 장악하라	알렌 키란	13,000
120	용서를 선택하기	존 로렌 & 폴라 샌드포드 & 리 바우먼	11,000
121	자살	로렌 타운젠드	10,000
122	레위기/민수기/신명기 주석	잔느 귀용	12,000
123	그리스도인의 영적혁명	패트리샤 킹	11,000
124	초자연적 중보기도	레이첼 힉스	13,000
125	꿈과 환상들	조 이보지	12,000
126	나는 하나님의 음성을 듣는다	킴 클레멘트	11,000
127	엘리야의 임무	존 & 폴라 샌드포드	13,000
128	하나님의 초자연적인 능력	바비 코너	11,000
129	거룩과 진리와 하나님의 임재	프랜시스 프랜지팬	9,000
130	사랑하는 하나님	마이크 비클	15,000
131	천사와의 만남	짐 골 & 미쉘 앤 골	12,000
132	과거로부터의 자유	존 & 폴라 샌드포드	13,000
133	일곱 교회 이기는 자에게 주시는 축복	허 철	9,000
134	은밀한 처소	데일 파이프	13,000
135	일곱 산에 관한 예언〈개정판〉	조니 앤로우	13,000

No.	도서명	저자	정가
136	일터에 영광이 회복되다	리차드 플레밍	12,000
137	악의 삼겹줄을 파쇄하라	샌디 프리드	11,000
138	초자연적 경험의 신비	짐 골 & 줄리아 로렌	13,000
139	웃겨야 살아난다	피터 와그너	8,000
140	폭풍의 전사	마헤쉬 & 보니 차브다	13,000
141	천국 보좌로부터 온 전략	샌디 프리드	11,000
142	영향력	윌리엄 L. 포드 3세	11,000
143	속죄	데릭 프린스	13,000
144	신의 성품에 참예하는 자	허 철	8,000
145	예언, 꿈, 그리고 전도	덕 애디슨	13,000
146	아가페, 사랑의 길	밥 멈포드	13,000
147	불타오르는 사랑	스티브 해리슨	12,000
148	그 이상을 갈망하라!	랜디 클락	13,000
149	순결	크리스 밸런턴	11,000
150	능력, 성결, 그리고 전도	랜디 클락	13,000
151	종교의 영	토미 펨라이트	11,000
152	예기치 못한 사랑	스티브 J. 힐	10,000
153	모르드개의 통곡	로버트 스텐스	13,500
154	예언사전	폴라 A. 프라이스	28,000
155	1세기 교회사	릭 조이너	12,000
156	예수님의 얼굴	데이비드 E. 테일러	13,000
157	토기장이 하나님	마크 핸비	8,000
158	존중의 문화	대니 실크	12,000
159	제발 좀 성장하라!	데이비드 레이븐힐	11,000
160	정치의 영	파이살 말릭	12,000
161	이기는 자의 기름 부으심	바바라 J. 요더	12,000
162	치유 사역 훈련 지침서	랜디 클락	12,000
163	헤븐	데이비드 E. 테일러	13,000
164	더 크라이	키스 허드슨	11,000
165	천국 여행	리타 베넷	14,000
166	파수 기도의 숨은 능력	마헤쉬 & 보니 차브다	13,000
167	지저스 컬처	배닝 립스처	12,000
168	넘치는 기름 부음	허 철	10,000
169	거룩한 대면	그래함 쿡	23,000
170	선지자 학교	조나단 웰튼	12,000
171	믿음을 넘어선 기적	데이브 헤스	10,000
172	꿈 상징 사전	조 이보지	8,000
173	삶을 변화시키는 성령의 권능	스티븐 브룩스	11,000
174	거룩한 기름 부으심	스티븐 브룩스	10,000
175	잔 G. 레이크의 치유	잔 G. 레이크	13,000
176	영적 선쟁의 일곱 영	제임스 A. 더함	13,000
177	영적 전쟁의 승리	제임스 A. 더함	13,000
178	기적의 빙을 만들라	마헤쉬 & 보니 차브다	12,000
179	개인적 예언자	미키 로빈슨	13,000
180	어둠의 영을 축사하라	짐 골	13,000

PURE NARD BOOKS

No.	도서명	저자	정가
181	보좌를 향하여	폴 빌하이머	10,000
182	적그리도의 영을 정복하라	샌디 프리드	13,000
183	성령님 알기	마헤쉬 & 보니 차브다	12,000
184	잔느 귀용의 요한계시록	잔느 귀용	13,000
185	십자가의 권능	마헤쉬 & 보니 차브다	13,000

PURE NARD